KB164708

정치는 어떻게
과학의 팔을 비트는가

정치는 어떻게
과학의 팔을 비트는가

기후 낙관론에 맞선
세계적인 환경과학자의 폭로

루이스 지스카 지음
김보은 옮김

GREENHOUSE PLANET

한문화

이 책에 쏟아진 찬사

《정치는 어떻게 과학의 팔을 비트는가》는 단순히 기후변화만을 얘기하는 흔한 책이 아니다. 저자는 "이산화탄소는 식물의 먹이다"라고 외치며 '지구는 더 푸르러질 것'이라 얘기하는 기후변화 부정론을, 그리고 그 주장을 둘러싼 과학과 정치의 관계를 이해하기 쉽게 풀어놓았다. 독성이 더 강한 덩굴옻나무, 빠르게 주변을 잠식하는 칡, 슈퍼잡초, 단백질 결핍을 겪는 꽃가루 매개자(벌) 등의 상황은 정치가 극적으로 단순화한 이산화탄소 주장을 산산이 부서뜨린다. 무엇보다 이 책은 쉽고 재미있게 읽힌다. 과학자든 비과학자든, 인간의 생존을 뒷받침하는 식물 환경에 대기 변화가 얼마나 광범위하게 영향을 미치는지 제대로 이해할 수 있을 것이다.

－루스 디프라이, 컬럼비아 기후대학 공동 설립 학장, 《자연은 어떻게 할 것인가(What Would Nature Do)》 저자

화석연료 산업계는 더 많은 이산화탄소가 '세상을 더 푸르게 할 것'이라는 주장을 끊임없이 홍보했다. 그러나 저자는 '이산화탄소 증가'가 반드시 성공으로 이어지는 좋은 일이 아니라는 사실을 솔직하고 이해하기 쉽게 입증해 보인다. 사실 이산화탄소 증가와 함께 온도가 상승하면 그때 나타날 결과는 엄청난 충격일 수 있다. 한편 '현대과학의 정치화'는 꽤 충격적인 현실인데, 이에 대한 설명도 흥미롭다. 여러모로 이 시대에 중요한 책이다.

－빌 맥키벤, 《깃발, 십자가 그리고 스테이션 왜건(The Flag, the Cross, and the Station Wagon)》 저자

인간이 삶을 의탁하고 있는 식물이 어떻게 변하고 있는지, 평소 관심이 있었다면 이 책을 반드시 읽어야 한다. 늘어나는 이산화탄소가 우리 식량, 의약품, 생태계를 어떻게 변화시킬지를 재치 있게, 때로는 깊은 우려로 털어놓는 이야기이기 때문이다. 우리는 모든 현상이 일어나고 있는 이 순간에도 이것이 삶의 기반과 미래에 어떤 의미일지 탐구하지 않고 있다.

— 마이클 호프만, 코넬대학교 명예교수, 《식탁의 변화(Our Changing Menu)》 저자

저자는 세계를 위협하지만 자주 간과되는 문제에 초점을 맞춘다. 화석연료를 태울 때 발생하는 탄소는 '지구상의 모든 식물은 자라난다'라는 근본 생태 요인을 바꾸고 있다. 대단히 매력적이며 중요한 책이다.

— 바버라 프리즈, 《강한 부정(Industrial-Strength Denia)》 저자

차례

여는 글

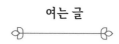

1998년 어느 날, 나는 내 연구 작물이 있는 야외 실지 시험장을 찾았다. 그곳은 매릴랜드주였고 주 연구 작물은 콩이었다.

감독은 "조금만 더 콩 앞쪽으로 서 주세요"라고 말했다. 나는 최대한 그의 지시대로 움직이려 애썼다. "좋아요, 이제 저를 보되 카메라를 직접 보지는 마세요." 나는 그 말에 부응하듯 고개를 돌렸다. 그리고 "이제 어떻게 합니까?" 하고 물었다. "이걸 읽어주세요." 감독은 내 손에 요점을 적어둔 종이를 쥐여주었다. 나는 종이를 훑어본 후 그에게 돌려주었다.

나는 감독보다 두어 걸음 뒤에 선 미국 농무부 국가프로그램 책임자 헤르만 마이외Herman Mayeux 박사를 쳐다보며 눈썹을 찡그려 의문을 표했다. 헤르만 박사는 나를 격려하려는 듯 고개를 끄덕였다. 당시 나는 미국 농무부 소속의 정규 연구원이 되고 싶은 박사후과정 학생이었다. 내 경력에 관심을 보이는 이가 고개를 끄덕이자 그것을 긍정 신호로 받아들였다. 내가 '카메라를 정면으로 쳐다보지 않는 일'에 성공하자 헤르만 박사와 감독은 얼마간 의견을 나누었다. 그리고 헤르만 박사는 곧 현장을 떠났다.

"벼에 대해 말씀해주시겠습니까?" 감독은 필리핀 국제쌀연구소(International Rice Research Institute)에서 내가 최근에 연구했던 주제를 언급했다. 당연히 할 수 있었다. 그때나 지금이나 나는 여전히 벼에 열정을 갖고 있다. 숨을 크게 들이쉰 다음 나는 설명을 이어갔다. 대기 중 이산화탄소가 늘어나면 벼 성장을 얼마나 촉진할 수 있는지에 대해서 말이다.

촬영이 끝날 무렵 나는 감독에서 '이산화탄소가 늘어나면 벼 생태계에서 잡초가 더 빨리 성장한다는 사실'도 덧붙여 설명하고 싶다고 말했다. 하지만 감독은 다정하게 미소 지으며 "나중에요"라고 답했다.

카메라들은 안쪽에 펠트를 덧댄 전용 보관함으로 들어갔고, 차 문이 쿵 하고 닫히면서 이내 시동 거는 소리가 들렸다. 나는 헤르만 박사에게 물었다. "이게 대체 무슨 일이죠?" 박사는 "셔우드 아이드소 Sherwood Idso 박사가 부탁했네"라고 답했다.

아이드소 박사는 애리조나주에 있는 미국 농무부 소속 베테랑 과학자로 수년간 이산화탄소를 연구했다. '좋아. 이건 아마도 교육용 영상일 거야. 걱정할 필요 없어.' 그때는 그렇게 생각했다. 하지만 실상은 달랐다. 이 촬영분은 다큐멘터리, 정확히는 1992년에 방영된 〈지구를 푸르게(The Greening of Planet Earth)〉의 속편 〈푸른 지구는 계속된다(The Greening of Planet Earth Continues)〉 영상이었다. 앞서 말한 두 편의 영상은 뉴스 진행자(진정한 가짜 뉴스였다!)가 전 세계 과학자들을 인터뷰한 것으로, 대기 중 이산화탄소가 지구온난화에 미치는 영향을 축소하는 대신, 식물 성장이 얼마나 촉진되고 물 이용 효율이 극대화되는지 등 식물에 이로운 부분만을 강조했다.

두 영상의 영향은 엄청났다. 산업계가 배출하는 이산화탄소량이 많으면 많을수록 환경에 이롭다는 신화를 창조하는 데 중요한 역할을 했다. 석탄 산업계는 복제 영상 수천 편을 유권자 및 정책 입안자들에게 뿌렸다. 메시지는 단순했다. 이산화탄소 배출량이 늘어나면 식물과 작물, 식량 공급, 인간의 건강, 나아가 전 문명에 긍정적인 영향을 준다는 내용이었다.

1998년에 등장한 이산화탄소 지지 메시지는 사라지지 않았다. "이산화탄소는 식물의 먹이다"라는 생물학적 이론은 계속 떠돌고 있고, 지난 30년 동안 기후변화를 받아들이지 못하는 세력이 꼭 한 번은 주장하는 논점이었다. 어설픈 비디오 영상은 유튜브로 대체되었지만 메시지는 여전하다.[1] 기후변화에 대변할 공개적인 증언이 필요하다면 언제든 "이산화탄소는 식물의 먹이다"라는 주장이 반복될 것이다.

이 아이디어를 홍보하는 개인과 단체는 도대체 누구일까? 먼저 전 미국 농무부 과학자이자 지구녹화학회Greening Earth Society의 후원을 받고 있는 셔우드 아이드소를 들 수 있다. 그는 앞서 소개한 두 영상의 해설을 맡았다. '전' 미국 농무부 과학자인 이유는 그가 바로 석탄 산업계 단체인 서부연료협회(Western Fuels Association) 지원으로 직접 이산화탄소와 지구변화 연구센터(Center for the Study of Carbon Dioxide and Global Change)를 세운 담당자이기 때문이다. 지구녹화학회는 이제 사라졌지만, 이산화탄소와 지구변화 연구센터는 여전히 운영 중이다. 셔우드의 아들인 크레이그와 키스는 아버지의 의지를 이어받아 웹사이트 CO₂ 사이언스(www.co2science.org)를 운영하고 있다. 이 사이트는 이산화탄소와 식물생물학과 관련된 모든 과학논문을 모아 놓고 자신들의 신념에 맞게 내용을 해석한다. 더 간단히 말하자면 이산화탄소 증가가 이롭고 유익하다는 전제와 맞지 않는 결론은 모두 폐기해버린다.

'기후변화 부정'이라는 측면으로 봤을 때 아이드소 가문의 행적은 빙산의 일각에 지나지 않는다. 이산화탄소 옹호론은 보수적인 정치 세력에 널리 퍼져있다. 무릎인대를 세게 내리치면 어김없이 무릎반사가 일어나는 것처럼, 기후변화 부정론자들의 마음속에는 이 옹호 의식이 정신적 진드기처럼 기생하고 있다. 그래서 누군가 "기후변화는 인간이 만들어냈다"라고 말하면 배후 조종자가 실을 당기기도 전에 보수주의자들 입에서는 "하지만 이산화탄소는 식물의 먹이다!"라는 말이 튀어나올 것이다.

보수주의자들은 한목소리로 말한다. 가령 독실한 복음주의 기독교 신자이자 전 대통령 후보자(2012)였던 미셸 바크먼Michele Bachmann은 이산화탄소 발생은 자연스러운 현상이며, 이산화탄소가 줄어들면 인간의 기본 삶이 무너질 것이라고 말한다. 튀어나온 눈으로 유명한 컨설턴트이자 회의론자, 그리고 잔소리꾼인 크리스토퍼 몽크톤Christopher Monckton은 과학적 배경지식이 전혀 없는데도, 이산화탄소는 이로우며 이산화탄소 농도를 줄이려는 정책은 그게 무엇이든 사회를 파괴할 거라는 내용의 글을 동료 평가를 거쳐 발표했다.

과학자 중에는 없느냐고? 아니다. 가장 유명한 과학자 둘이 있다. 패트릭 마이클스Patrick Michaels는 전 버지니아대학교 생물학자다. 기후변화를 지지하는 과학 이론에 계속 반대하면서 대기 중 이산화탄소가 많이 배출될수록 지구는 더 푸르러질 것이라 주장한다. 또 다른 과학자 윌리엄 하퍼William Happer는 여든에 가까운 프린스턴대학교 물리학자다. 그는 "이산화탄소를 악마화하는 일은 나치가 유대인을 박해하고 소련연방이 계급의 적을 박멸한 일, 이라크-레반트 이슬람국가(ISIL)가 이교도를 학살한 것과 다르지 않다"라고 주장(믿기 어렵겠지만 정말이다)했다.[2]

혹여 누군가는 보수주의 지식인들이 이토록 이산화탄소를 신성시하는 것과 식물생물학 분야에서 이산화탄소의 역할을 깎아내리는 두 가지 방식이 모두 미국적이지 않다고, 과학이 중력을 부정하는 것과 같은 현상이라며 웃어넘길지도 모르겠다. 하지만 나는 〈푸른 지구는 계속된다〉 영상을 시청할 당시, 그 논쟁 방식이 미국적이지 않다거나 과학적으로 회피하고 있다고 생각하지는 않았음을 고백한다. 대신 내가 약물 혹은 최고급 도구 정도로 전락한 느낌이었다. 나만 그런 게 아니었다. 수년 뒤 나처럼 '다큐멘터리' 제작을 이유로 인터뷰에 응했던 다른 과학자들은 제작자가 정치적인 목적으로 인터뷰 앞뒤 맥락을 잘랐다고 여기고 있음을 발견했다.[3]

이 책에서 나는 "이산화탄소는 식물의 먹이다"라는 그들의 주장을 과학적인 관점으로 살펴보려 한다. 이렇게 하는 이유는 보수주의자의 이 주장은 옳기 때문이다. 이산화탄소는 식물의 먹이가 된다. 어떻게 확신하느냐고? 내가 식물생물학자이기 때문이다. 나는 1988년에 캘리포니아대학교 데이비스 캠퍼스에서 식물생리학 박사 학위를 받았고, 1989년 이후 스미소니언 연구자로 활동했다. 체서피크 습지에 자라는 스파르티나spartina는 내 연구 대상이었고, 이산화탄소 증가가 식물에 미치는 영향을 연구해왔다.

'탈진실'과 '대안적 사실'로 가득한 세상에서 내가 내놓을 수 있는 것은 전문지식과 경험이 전부다. 그러나 과학자라면 모두가 말하듯, 부디 내 말에만 의존하지 말기를 당부한다. 구글 학술 검색란에 '이산화탄소 증가'와 '식물생물학'을 입력해보라. 동료 평가를 거친 수백 편의 논문이 '이산화탄소가 증가하면 식물 광합성과 성장을 촉진할 수 있다'는 사실을 증명하고 있다. 그렇다면 '이산화탄소는 식물의 먹이다'라는 구호가 정말로 기후변화 시대에 나타난 한 줄기 희망일까? 식물은 더 푸르러지고 세상은 제2의 에덴동산으로 바뀌는 미래만이 우리를 기다리고 있을까?

스포일러는 싫지만, 답은 명백히 '아니오'다. 그렇다면 이산화탄소 증가는 식물생물학 측면에서 실제로 어떤 의미일까? 이 질문에 답하기 위해 나는 "이산화탄소는 식물의 먹이다"라는 주장을 더 깊이 탐구하려 한다. 식물이라는 커튼으로 가려진 사실을 밝히고 인간이 왜 식물에 의해서만 존재할 수 있는지, 식물이 어떻게 삶의 토대가 되고 아름다움을 발산하는지 탐색하고 축하할 것이다. 식물이 주는 혜택,

보너스와 함께 해로움과 상처도 밝힐 것이다.

나는 또 전후 상황도 같이 밝혀나갈 것이다. 이산화탄소와 기후변화, 익사하는 북극곰, 높아지는 해수면, 극단적으로 강력해진 폭풍 등의 이야기를 다들 들어봤으리라 생각한다. 걱정스러운 우려임은 충분히 이해하지만, 이는 구약성서에 등장하는 극적인 결과일 뿐이다. 이야기에 과하게 집중한 나머지 우리 스스로 "이산화탄소는 식물의 먹이다"라는 단순하고도 강력한 맹점을 만들어냈다.

물론 이 주장 자체는 사실이지만 사람들은 이제야 대기 중 이산화탄소 증가가 불러오는 결과를 제대로 보기 시작했다. 이 결과들은 잠재력이 어마어마하며 어쩌면 전 세계에 영향을 미칠지도 모른다. 지금껏 기후변화에 대해 들었던 그 어떤 결과도 상대가 되지 않을 정도다. 왜냐, 최근 그리고 앞으로 일어나리라 예상하는 이산화탄소 증가는 기후변화 현상이 어떻게 진행되든 간에 모든 생물에 직접적이고 명확하게 영향을 미칠 것이기 때문이다. 이산화탄소가 생물에 미치는 직접적인 영향은 최신 과학이 아니다. 오히려 오래된 지식 즉, '식물이 모든 살아있는 생명체에게 먹이, 에너지, 탄소를 공급한다'는 기초 과학에 기인한다.

"이산화탄소는 식물의 먹이다"라는 말에는 결과가 따른다. 그 결과는 놀라울 정도로 복잡하고, 어쩌면 기후변화 문제 그 자체보다 파장이 클지도 모른다. 그리고 우리가 모두 알듯이, 모든 생명체에 직접적으로, 근본적으로, 나아가 돌이킬 수 없는 방식으로 영향을 미칠 것이다.

Part 1

녹색을 제대로
보지 못하는 사람들

식물이 곧 식량이다

112킬로미터(㎞/h) 속도로 주 경계를 넘어가고 있다고 하자. 초록 풍경 속을 이동하는 동물 무리를 만났을 때, "엄마, 들소 떼예요!"라고 외치거나 창문에 이마를 붙이고 낮은 목소리로 "음무!"하고 중얼거리는 건 이상한 행동이 아니다. 휴대용 플라스틱 전자기기의 기적이 일어나기 전까지 들소 무리를 향해 "음무!"하고 외치는 일은 긴 시간을 자동차로 여행할 때 그 무료함을 잊는 가장 좋은 방법이었다.

초록 풍경에도 시선을 빼앗겼던가? 그렇지는 않았다. 차 안에 있는 누구도 "와, 자작나무 좀 봐⋯, 저 밤나무도! 굉장해! 참피나무도 있어! 소 떼가 먹는 게 왕포아풀이랑 독보리야?"라고 소리치지는 않았다. 당연하다. 인간은 움직임에 반응하도록 설계되었다. 움직이는 동물이 친구인지 적인지 즉시 판단해야 하기 때문이다. 하지만 풀과 나무는 그럴 필요가 없다.

인간은 진화하면서 대상을 즉각 식별하고 위협과 환경을 평가하는 예리한 능력을 갖추었다. 반면 녹색을 인지하지 못하는 녹색 색맹에 걸리고 말았다. 사람들은 나무, 관목, 꽃들을 적절한 맥락에서 인식하고 식별하며 그 가치를 어림하는 능력이 부족해서 어려움을 겪고 있다. 녹색 색맹이 보편적인 현상은 아니다. 물론 인간을 행복하게 해주는 유용한 식물 일부는 인식할 수 있다. 이를테면 가게에서 파는 당근과 콜리플라워를 구별할 줄 안다. 그러나 수렵 채집민이었던 우리 조상들은 우리보다 식물을 구별하는 능력이 훨씬 뛰어났다(인류의 조상인 호미니드가 덩굴옻나무를 계속 만졌을지 궁금하긴 하다).

이렇듯 친숙한 식물은 알아볼 수 있어도 식물의 중요성, 식물의 본질인 편재성을 곧바로 깨닫는 사람은 드물다. 그런데도 사람들은 가슴을 내밀고 당당하게 손을 허리에 올린다. 깔끔하게 손질한 잔디 위에 두 다리를 벌리고 서서 자신이 진화의 정점에 올랐다고 외친다. 어쨌든 인간은 지구 표면 전체를 차지하고 있으며 온갖 생태계를 살아냈다. 그러는 동안 인간의 DNA는 고도로, 매우 정교하게 진화했다. DNA 염기쌍이 자그마치 30억 개나 될 정도다.

그렇다면 식물은 어떨까? 이런, 지구 전체 생물량(biomass)의 99퍼센트를 차지하는 존재(이는 동물도 아니고 인간은 더더욱 아니다)를 제외하면 식물도 지구 표면 전체를 뒤덮고 있다.[1] 식물은 인간보다 완전하고 더 복잡한 생물이다. DNA만 봐도 그렇다. 희귀한 일본산 꽃인 파리스 자포니카Paris japonica를 살펴보자. 이 꽃의 염기쌍은 1,490억 개로 인간의 DNA보다 50배나 더 많다.[2]

중요한 사실이 하나 더 있다. 가장 단순하고도 확실하게 말하자면, 식물이 없으면 동물도 존재할 수 없다. 식물은 산소를 제공하고, 수백만 톤의 물을 토양에서 대기로 올려보내 구름을 형성한다. 간접적인 방식으로 기후 패턴을 만드는 것이다. 식물은 토양에도 영향을 준다. 식물의 뿌리는 탄소, 질소, 인 같은 모든 필수 요소를 그러모아 질퍽거리는 작은 우주 즉, 수백만 마리의 세균, 곰팡이, 선충이 어우러진 완전한 체계를 형성한다. 지상으로 치면 드넓은 초원부터 열대 우림까지, 툰드라에서 사막까지, 그야말로 모든 생태계의 토대가 된다. 땅돼지는 물론 얼룩말까지, 그 어떤 동물도 식물이 없다면 살아남을 수 없다.

인간의 역사는 여러 측면에서 식물생물학과 밀접하게 뒤얽혀있다. 식물은 인간을 통제하고 지배하며 제어한다. 전 세계를 가로지르는 강 언저리마다 특정 작물을 수확했던 최초의 농학자들이 있었는데, 그들이 없었다면 문명은 존재하지 못했을 것이다. 계곡 주변에는 강물이 빠져나가고 범람하면서 밀, 보리, 벼 같은 원시 작물을 키울 때 필요한 실트(지름 0.002~0.02밀리미터 크기의 토양입자로 모래와 점토의 중간 정도 되는 고운 입자−옮긴이)와 양분이 쌓인다. 지식인들은 노동하지 않고 살아가기 위해 타인의 피와 땀을 들여 사회 피라미드를 세우고 가장 높은 곳에 오르고자 경쟁했다. 사제와 상인, 철학자와 무역업자, 왕과 주교가 주로 그런 부류였다. 하지만 정작 인간 계급을 뒤집어놓은 것은 계곡이었다.

인간의 역사는 그렇게 시작했다. 재배할 작물이 한 종뿐이어서 사람들은 늘 영양결핍에 시달렸지만, 식물 관리자 집단인 농부 백 명이면 수렵 채집민으로 구성된 소규모 부족을 이끌 수 있었다. 이후에 등장한 인류 집단은 더 다양한 식물을 재배했다. 그 덕에 그들은 체격이 크고 영양 측면에서도 더 우월했다.[3] 식물을 관리하면 더 쉽게, 더 많은 인구를 부양할 수 있다는 사실을 깨닫자 지도자들은 욕망에 눈을 떴다. 새로운 땅을 정복하고 새로운 자원을 찾는 게 우선순위가 된 것이다.

풍년은 많은 식물과 식량, 높은 출산율과 인구 증가 등 인간 사회에 엄청난 영향을 끼쳤고, 다른 집단을 정복한 집단의 영향력은 점점 더 커졌다. 반대로 흉년으로 작물 작황이 나빠지면 사람들은 굶주렸다. 상황이 더 나쁜 해에는 절망, 디아스포라(고국을 떠나는 사람들의 이동 ─ 옮긴이), 집단 해체가 일어난다. 유령은 역사를 기록할 수 없다. 인간이라는 종의 유구한 역사는 식물 경작의 확장과 축소, 식물 경작이 일어났던 계곡 즉, 메소포타미아와 이집트, 인더스강과 양쯔강 유역에서 출현한 문명으로 설명될 뿐이다.[4]

어린 시절 우리는 피라미드, 상형문자, 언어, 문화에 이르는 찬란했던 고대 이집트 문명을 배웠다.[5] 고대 이집트의 영광은 세계에서 가장 길고 장엄하다는 나일강 유역 환경을 반영한다. 매해 9월이면 나일강은 크게 불어나 수십 킬로미터 범위에 이르는 범람원을 만들어낸다. 그리고 주변 천연 분지에 비옥한 실트를 새롭게 퇴적시켜 비료가 따로 필요 없는 땅이 완성된다. 영원한 태양의 제국은 그렇게 이어졌다. 나일강 덕분에 이집트는 문명을 일구는 데 필요한 다양한 식물 즉, 에머(밀의 일종), 병아리콩, 렌즈콩, 상추, 양파, 마늘, 보리, 파피루스, 아마를 경작할 수 있었다. 기원전 5천 년 경에는 인구가 늘어나면서 소 같은 가축을 사육해야 했는데, 가축도 식물을 왕성하게 먹어 치웠다.

이렇듯 지속적인 식물 공급을 바탕으로 고대 이집트 문화가 형성됐다. 저작물, 의학, 수학, 건축학(신전과 오벨리스크), 선박 건조, 화장품, 치약 등 경이로운 요소로 꼽히는 문명의 특징이 대거 출현했다. 그중 군대도 빼놓을 수 없다. 그들은 매년 경작한 식물을 먹고 자랐으며 새롭게 발견한 금속으로 무기를 만들어 손에 들었다. 그렇게 진군해 이웃 나라를 정복했다. 뿔뿔이 흩어져 살던 부족은 한 마을을 이뤘고, 마을은 도시로, 도시는 왕조로 발전했다.

식물은 제공했던 것을 도로 빼앗을 수도 있었다. 이집트 고왕국은 기원전 2686년에 3왕조가 열리면서 시작되었고, 500년 이상이 지난 후 8왕조를 마지막으로 끝났다. 기자의 대피라미드를 포함한 이집트 고왕국 문명은 세계의 경이로움으로 남았다. 그런데 고대 기록을 보면 이집트 고왕국 시대가 끝날 무렵, 나일강의 범람이 줄어들었다는 사실을 알 수 있다. 나일강의 범람이 멈추자 새로운 양분이 퇴적되지도 않았고, 이집트 왕조를 유지할 식물도 더는 자라지 않았다. 이집트 고왕국이 식물에 의존했다는 증거가 여기에 있다. 이후 격변이 일어났고 새로운 왕조인 중왕국이 탄생했다.

고대 이집트에서 수많은 왕조가 세워졌다가 무너지고 결국 멸망에 이르렀다. 그리고 마침내 로마제국에 정복되었다. 그 이유에는 여러

가지가 있겠지만, 식물 부족 즉, 나일강이 범람하지 않으면서 작물 수확이 줄어든 점도 원인이 될 수 있다. 이집트 학자 이퓨웨르Ipuwer 는 나일강 범람이 또다시 멈추었을 때 중왕국 시대의 모습을 다음과 같이 무시무시하게 묘사했다.

> 아, 사막이 대지를 점령한다. 마을은 유린당하고 상(上) 이집트는 황무지가 되었다. 오, 사람들의 머리카락이 빠져나간다. 여기저기 서 "차라리 죽음을 달라"며 울부짖는다. 귀족 가문의 아이들은 벽 에 내던져진다. 아기들은 대지에 버려진다. 식량은 부족하다. 리 넨을 입은 자들은 몽둥이로 얻어맞는다. 여인들도 여종처럼 고통 받는다. 무덤에 묻혔던 자들은 지상으로 내던져진다. 남자들은 통 제 없이 분란을 일으킨다. 고통스러운 신음이 왕국을 울리며 탄식 과 뒤섞인다. 사람들이 사라진다.[6]

식물, 혹은 식물 부족으로 제국이 무너지는 일은 드물지 않다. 12세 기 미국 남서부에 존재했던 고대 푸에블로 문화는 거대 가뭄으로 작 물을 거두지 못하면서 막을 내렸다. 프랑스 혁명보다 앞서 일어났던 1770년대 빵 폭동, 1840년대 아일랜드에 퍼진 식물 곰팡이인 감자역 병균(Phytophthora infestans)도 있다. 아일랜드 사람들은 감자 흉작으 로 미국 이주 즉, 디아스포라를 실현했다. 이런 다양한 사례로 우리 는 작물이 사라지면 인간의 삶이 고통스러워진다는 사실을 배운다.[7]

피해는 얼마나 컸을까? 식물을 경작하면서 출현한 고대 이집트와 여러 문명은 기근으로 인한 사망자 수를 따로 기록하지 않았기에 이 부분은 전문 영역으로 넘어간다. 과학 전문 저술가인 줄리언 크립 Julian Cribb은 《식량 혹은 전쟁(Food or War)》에서 18세기 인도부터 최근 아프리카에 이르러 이어지고 있는 기근 문제를 분석해 답을 찾으려 했다.[8] 크립은 1958년부터 1962년까지 이어진 중국 대기근 시기에 2억 명 이상의 인원이 사망했으리라 추정한다. 중국 문화대혁명 시기에 4,500만 명이 사망한 것과 비교하면 그 차이가 충격적이다.

이는 환경으로 식물이 부족해질 수 있다는 직설적인 신호이기도 하다. 줄어드는 강수량, 더는 범람하지 않는 강, 극단적인 더위, 가뭄 등은 식물 경작에 암울한 신호다. 한편 인간 때문에 즉, 인간의 무능과 정책, 두려움, 증오, 편견으로 식물이 부족해질 수도 있다. 이런 특수한 상황에 놓였을 때 식물 부족 문제는 때때로 악화한다. 종말이 다가올 때 나타난다는 네 명의 기사 중 전쟁과 기근이 포함된 데에는 그럴 만한 이유가 있는 셈이다.

하지만 잠깐, 지금은 21세기다. 인간은 여전히 식량이 필요하고 식물은 인간에게 식량을 제공하지만, 역사에 등장하는 원초적인 기능장애는 이미 과거의 일처럼 느껴진다. 우리 집 냉장고에는 언제나 음식이 가득하고 걸어갈 수 있는 거리에 슈퍼마켓이 세 군데나 있다. 하루살이 같은 불안정한 삶은 이제 끝난 게 아닐까?

다시 이집트로 돌아가자. 현재 이집트 인구는 9,900만 명으로 식량 자급을 위한 자체 노력으로는 이 인구를 지탱할 수 없다. 한때 로마 군대는 이집트가 수출하는 밀에 의존했지만, 현재 이집트는 세계에서 가장 큰 밀 수입국이다. 수많은 초기 왕조를 출현시켰던 아랍국들은 이제 가장 가난한 가정에서도 먹을 수 있는 값싼 식량, 빵에 의존하고 있다.

2010년 여름, 유럽과 러시아 서부 지역 기온이 갑자기 치솟았다. 곧 이상고온과 가뭄이 닥쳤고 전례 없는 화재가 일어났다. 기온이 37.7도를 넘는 날들이 이어졌는데, 이제는 그게 일반적인 기상현상으로 자리 잡았다. 모스크바는 사망자 수가 1만 1,000명을 뛰어넘었다.[9] 러시아 남부와 우크라이나 주요 작물이자 수출품인 밀은 생산량이 대폭 감소했다. 그러자 두 국가의 지도자들은 자국민 보호를 위해 모든 밀 수출을 중단했고, 그해 여름 밀 가격은 90퍼센트 가까이 폭등했다. 또 다른 밀 재배국 캐나다 남부 평원에도 이례적인 홍수가 발생하면서 상황은 악화했다.[10] 2011년 초 알제리에서는 광범위한 시위가 일어나면서 국가가 불안정해졌다. 튀니지 정부는 전복되었다. 이집트에서는 호스니 무바라크Hosni Mubarak 대통령이 체포되었다. 단 하나의 식물, 밀이 부족해지면서 아랍의 봄이 찾아온 것이다.[11]

식물 스트레스 문제가 일어나면 이미 분열되기 시작한 인간 사회가 가장 위험하다. 중동 국가인 시리아는 유구한 지역문화 및 부족문화를 갖추고 있다. 하지만 가뭄으로 식물이 자라지 않자 시리아 동부에 살던 농부 150만 명은 알레포와 다마스쿠스 등의 도시로 이주했다. 식물과 물이 귀해졌고 도시간 충돌이 잦아졌다. 그러나 정치 지도자들은 농부들이 처한 역경을 무시했으며, 생존에 필요한 자원을 제공하지 않았다. 결국 내전이 일어났다. 정치적인 실패, 외국인 혐오 증가, 유럽과 세계를 사로잡은 사회적 불안 등을 우려한 시리아인 절반(500만 명가량)이 나라를 등지고 떠났다. 이 모든 일은 밀이 충분하지 않아서 일어났다. 식량이 부족해진 것이다. 식물과 인간의 관계는 소원해질 틈 없이 이어진다. 2018년 기준 난민 6,850만 명 대부분은 삶을 지속하는 데 필요한 식물 공급이 부족해서 세계 곳곳의 타지를 떠돌고 있다.[12]

식물은 식량이다. 문명 이래 식물 성장과 그에 대응하려는 인간의 방식에 영향을 미치는 모든 요인은 어떤 식으로든 이어져 결과를 가져왔다. 그런 움직임은 문명이 사라질 때까지 계속될 것이다.

약과 식물의 관계

엎어지면 코 닿을 거리에 약국, 드러그 스토어, 약재상 등이 있다. 그만큼 우리는 언제나 손쉽게 약을 살 수 있다. 두통? 근육통? 요통? 걱정할 필요 없다. 약국에 잠깐 들르면 그만이다. 사 온 알약을 삼켜라. 모든 문제가 해결될 것이다. 최소한 완화는 된다.

사람들은 세상 모두가 나처럼 살아간다고 생각하며 자신을 속인다. 하지만 세계인 중 상당수는 현대 약국의 모습을 정확히 들여다본 적이 없다. 많은 도시에 약국이 부족하다는 사실은 마치 모순 같다. 신선한 농산물을 구하기 어려운 식품 사각지대가 있는가 하면 시카고처럼 수백만 명이 사는 도시인데도 길모퉁이에 약국 하나 없는 약국 사각지대도 있다.[1]

약이 포장, 살균한 형태로만 존재하는 건 아니다. 약은 어디에나 있다. 사실 의약품은 라이트 에이드Rite Aid나 월그린스Walgreens 같은 체인 약국의 구석진 마법의 방에서 만들지 않는다. 의약품은 자연에서 나오며, 자연은 대개 식물로 이뤄졌다. 바로 그 식물이 새로운 화학 물질의 원천이다. 이는 전혀 놀라운 사실이 아니다.

사람인 우리는 움직이지만, 식물은 늘 그 자리에서 변함없이 초록 색 배경을 이룬다. 하지만 화학 감각에 초점을 맞추면, 그리고 그 감 각이 우리 뇌를 지배한다고 생각하면 식물은 다채로운 색채를 끊임 없이 만들어내는 만화경처럼 보일 것이다. 이유는 단순하다. 파리지 옥이나 풀산딸나무 같은 일부 품종을 제외하면 식물은 더디게 움직 이기 때문이다. 그렇다면 식물은 어떻게 포식자를 피하는 걸까? 의 사소통은 어떻게 하지? 맞다, 교배는?

답 또한 단순하다. 바로 화학을 통해서다. 뿌리에서 새싹, 꽃까 지 식물의 화학 역학은 '화학으로 더 나은 삶'이라고 외치는 듀폰 DuPont사의 최고경영자마저 부끄럽게 만든다. 식물이 주도하는 아주 단순한 사례를 살펴보자. 애벌레가 기어 와서 식물 잎을 먹어 치우기 시작한, 그다지 좋지 않은 상황이다. 그렇다고 뿌리를 땅에서 뽑아내 도망칠 수는 없다. 어떻게 해야 할까?

먼저 잎은 향기를 신호로 내뿜어 도움을 청한다. 그러면 기생벌이 향기를 쫓아 날아와 애벌레를 사냥하고 그 속에 알을 낳는다. 행여 향기 신호가 꽃가루 매개충을 쫓아내지는 않을까 걱정할 필요는 없 다. 더 많은 꽃을 피워 또 다른 매혹적인 향을 뿜어내면 문제는 해결 된다. 취리히대학교 소속 스위스 출신 과학자 플로리안 시스틀Florian Schiestl은 식물이 곤충 집단을 의도적으로 유혹하거나 쫓아낼 다양한

향기를 만든다고 설명했다.[2]

향기는 식물화학 분야에서 신경을 자극할 만한 놀라운 요소이지만, 식물화학의 잠재력 측면으로 보면 빙산의 일각에 불과하다. 식물의 잎과 줄기, 뿌리, 꽃, 씨앗 조직은 인간의 생리작용을 촉진하고 지배할 물질을 생산할 수 있다. 가장 복잡하고도 난해한 이 물질들은 다양하면서 특별하다. 몇 가지 예시를 들어보겠다. 카페인은 미국인 2억 5,000만 명이 매일 마시는 순한 자극제이며, 전 세계에서 가장 높은 소비율을 보이는 향정신성 물질이다.[3] 널리 이용되는 또 다른 자극제인 니코틴은 전 세계 흡연자 10억 명 이상이 애용한다.[4] 전 세계에서 매년 500~1,200억 알씩 소비되는 아스피린도 빠트릴 수 없다. 아스피린은 재스민, 콩, 완두콩, 클로버, 특정 풀과 나무가 함유한 살리실산으로 만든다. 에탄올은 옥수수부터 사탕수수, 고구마, 보리까지 공급원이 광범위한데, 휘발유 첨가제로 들어가거나 금요일 밤 도심 바에서 에일, 보드카 등 다양한 형태로 즐길 수 있다.

그 외에도 아르테미시닌artemisinin, 아트로핀atropine, 빈크리스틴vincristine, 코데인codeine, 크립토레피네cryptolepine, 디기탈리스digitalis, 에페드린ephedrine, 에토포시드etoposide, 이리노테칸irinotecan, L-도파L-DOPA, 라파콜lapachol, 파클리탁셀paclitaxel, 퀴닌quinine, 스코폴라민scopolamine, 테바인thebaine, 토포테칸topotecan, 빈블라스틴vinblastine 등 많은 식물 유래 화학물질이 인간의 삶을 바꿨다. 사람들은 이런 물질을 응급처치용으로, 때로는 유흥이나 축하를 목적으로 사용한다. 혹은 누군가를 해치거나 돕고자, 통증을 완화하거나 중독시키려는 의도로, 그것도 아니면 중독을 예방하고 질병을 피하려고, 질병 진행을 늦추려고 사용하기도 한다. 즐겨 마시는 차 한 잔을 떠올렸는가? 아니면 피임약? 가장 널리 이용되는 경구 피임약은 여성의 생식 주기를 조절하는 기능을 한다.

1943년 펜실베이니아주립대학교 소속 괴짜 교수가 멕시코시티에 위치한 작은 회사, 라보라토리오스 오르모나Laboratorios Hormona를 찾았다. 이 회사는 사람의 몸속 기관 중 호르몬 기능을 전문적으로 정비하는데, 이 과정은 매우 까다롭고 비용이 많이 든다. 식물학자이자 화학자였던 러셀 마커Russell Marker 교수는 식물 화합물인 사포제닌sapogenin에 지대한 관심을 보였다. 난항을 겪던 마커 교수는 결국 멕시코까지 흘러왔고, 마(얌)과의 한 종류인 멕시코마(Dioscorea mexicana)를 발견했다. 지역 주민들은 이 식물을 카베자 데 네그로 cabeza de negro(검은 머리—옮긴이)라고도 부른다. 펜실베이니아주립대학교로 돌아간 마커 교수는 카베자 데 네그로에 들어있는 디오스게닌 diosgenin(스테로이드를 합성하는 원료—옮긴이) 성분으로 프로게스테론을 합성하는 방법을 발견했지만, 미국 제약회사들은 마커 교수의 연구에 관심을 보이지 않았다. 마커 교수는 결국 프로게스테론 약 4.5 킬로그램을 들고 라보라토리오스 오르모나로 돌아온다. 이 화학 성분은 현재 화폐로 따졌을 때 무려 133억 원에 달하는 가치를 품고 있었다.

그렇게 새로운 제약회사 신텍스Syntex가 탄생했다. 하지만 어떤 논란을 빚으며 마커 교수는 회사를 떠나야만 했다. 몇 년이 지나 '피임약의 아버지'로 불리는 화학자 칼 제라시Carl Djerassi가 회사에 들어왔다. 신텍스사는 디오스게닌으로 프로게스테론, 테스토스테론, 기타 다양한 에스트로겐 물질을 만들어 단숨에 성호르몬 공급업체의 선두 자리를 차지했다.[5] 그중 피임약은 현대 사회가 식물화학을 응용한 한 사례였다. 프로게스테론을 비롯한 성호르몬을 이제는 실험실에서 쉽게 합성할 수 있다. 하지만 성호르몬이 식물에서 유래했다는 사실을 아는 사람은 많지 않다.

인간은 역사 속에서 생식 기능을 통제하고자 다양한 식물을 사용해왔다. 가령 히포크라테스Hippocrates는 2천 년 전에 야생 당근의 씨앗을 활용하는 방법을 기록해뒀고, 고대 그리스인은 월경과 낙태를 유도하려고 페니로열 차를 마셨다. 북미 원주민은 '꿩의다리아재비'라는 약초를 오랫동안 분만유도제로 사용했으며, 지금도 일부 조산사들은 막달인 산모에게 이 약초를 써서 진통 시작 전에 자궁이 수축하도록 돕는다.[6] 그런데도 사람들은 약국의 말끔한 선반, 그 위에 나란히 늘어선 사각 모양 상자들, 형광등, 광고판을 약과 자연의 관계로 연결 짓지 못한다. 식물이 의약품과 무슨 상관이 있느냐며 의아해한다. 이런 상황이 적어도 영양보조제 업계에는 도움을 줄 것이다. 우울할 때 먹는 약은 세인트존스워트 같은 식물 이미지로 약상자 겉면을 꾸미면 그나마 호소력이 있으니 말이다.

그렇다. 현대 의학은 식물화학을 원형 그대로 활용할 수 있다. 그런데도 여전히 이 업계는 현장에서 채집하는 식물에 의존하지 않고 있다. 그게 사실일까? 소설가 조지 오웰George Orwell은 《1984》에서 통증 앞에 영웅은 있을 수 없다고 했다. 만성 통증은 힘겹고 쉴 새 없이, 예측할 수 없는 형태로 지속되며 강도는 꽤 격렬하다. 그리고 사람들은 이 통증을 화학적인 방법으로 완화하려 한다. 둘 사이의 틈을 메우는 존재도 결국은 식물이다.

특별히 그중 양귀비과 식물 120여 종 중 하나인 양귀비(파르베르 솜니페룸Papaver somniferum)는 오피오이드opioid라는 독특한 화학물질을 만들어낸다. 양귀비과 식물 중 파파베르 솜니페룸과 파파베르 세티게룸Papaver setigerum만이 오피오이드를 생성한다. 글락소스미스클라인GlaxoSmithKline 같은 거대 제약사는 양귀비를 대량으로 재배한다. 인도나 터키, 호주(태즈메이니아)의 너른 들판에 씨를 뿌려 이 식물을 기른다. 수천 년 동안 모르핀morphine, 코데인codeine, 파파베린papaverin 등의 성분은 식물 원형 그대로를 추출해왔다. 참고로 티그리스강과 유프라테스강 유역에서 식물을 재배했던 고대 수메르인은 양귀비를 좋은 의미로 '희락의 식물'이라 불렀다. 모르핀이 통증을 잠재우는 데 효과적이라는 사실은 모두가 인정한다. 그만큼 모르핀은 삶에 필수적인 물질이다. 암 병동에서 사용하고, 전쟁터에서도 꼭 필요하다(연합군이 나치 독일군의 모르핀 공급선을 차단했을 때 나치 소속 과학자는 최초로 합성 모르핀을 만들었는데, 이것이 바로 메타돈methadone이다).[7]

이처럼 식물은 화학물질 생산의 정점에 있다. 그러나 특정 식물이 인간 사회에 좋은지 나쁜지를 섣불리 판단할 수는 없다. 식물의 보상이 있었다면 처벌도 따른다. 식물이 인간을 포함한 동물에게도 자기 보호를 목적으로 일부 맹독성 물질을 뿜어내기 때문이다. 식물의 독성이 과연 얼마나 강할까? 리신ricin은 시안화물(cyanide) 유사체로 피마자 열매 씨에서 만들어진다. 순수하게 정제하면 몇 알갱이만으로도 사람을 죽일 수 있다. 1978년 9월, 리신으로 암살당한 불가리아 반체제 인사 게오르기 마르코프Georgi Markov를 떠올려보라. 세간은 누군가 우산으로 마르코프의 오른쪽 다리 뒤를 찔러 리신을 주입한 것으로 추측하고 있다.[8]

장식용 구슬이나 보석을 만들 때 사용하는 묵주완두도 빠질 수 없다. 광택이 있는 이 열매는 깨지지 않으면 독성 물질이 나오지 않지만, 긁거나 씹으면 리신과 유사한 화학물질인 아브린abrin이 나온다. 아브린은 독성 정도도 리신과 비슷해서 3마이크로그램(0.003g)만 먹어도 사망할 수 있다.[9] 그 외에 역사적으로 더 친숙한 식물독으로 독미나리를 꼽을 수 있다. 아테네 청년들을 타락으로 이끌고 이교도 신을 가르쳤다는 죄목으로 사형을 선고받은 소크라테스는 독미나리 차를 마시고 죽었다. 독미나리는 니코틴과 구조가 비슷한 코닌coniine이라는 맹독성 물질을 품고 있다. 이 코닌이 몸 안으로 들어가면 중추신경계는 무너진다.

식물화학은 이런 독성 식물 작용을 포함한 놀라운 다양성을 가지는데, 인간이 개입하면서 비로서 수면 위로 드러났다. 가장 주목받는 사례는 단연 통증을 완화하는 식물일 것이다. 살리실산(salicylic acid)은 고대 수메르인부터 아메리카 원주민에 이르기까지 전 세계에서 가장 오랫동안 사용된 진통제 성분이다. 19세기 후반, 독일 제약회사 바이엘Bayer에서 일하던 화학자 펠릭스 호프만Felix Hoffmann은 살리실산의 효용과 '구토'라는 부작용을 정확히 인지하고 있었다. 그래서 산도 조절제(가령 식초 같은)로 살리실산을 아세틸화해봤다. 화학구조에서 수소 한 분자를 떼어낸 뒤 대신 아세틸기를 붙여본 것이다.[10] 아세틸살리실산 혹은 아스피린은 이렇게 탄생했다.

아스피린이 우리 삶에서 차지하는 비중은 어느 정도일까? 세계보건기구(World Health Organization, WHO)를 비롯한 세계 권위자들은 아스피린을 보건 체계의 필수 요소 즉, 필수 의약품 정도로 생각한다.[11] 여전히 아스피린은 80개국 이상에서 절찬리 판매 중인 바이엘사 대표 상품이다. 지금까지도, 아마 앞으로도 아스피린은 바이엘에 황금알을 낳아주는 거위로 존재할 것이다.

인간에게는 식물화학을 전에 없는 최고 수위로 혹은 최저 수위로 조절할 능력이 있다. 최저 수위로 끌어내린다면 수천 명이 고통 속에서 삶을 마감할지도 모른다. 식물 중독은 니코틴에서 코카인, 헤로인에 이르기까지 이미 널리 퍼져있지만, 그 어떤 물질도 에탄올을 능가할 수는 없다. 에탄올은 식물에서 얻을 수 있으며 그 종류마저 다양하다. 보드카는 감자로, 맥주는 보리로, 위스키는 곡물로, 와인은 포도로 만든다. 매년 8만 8천 명이 알코올을 원인으로 사망하고 있다. 그래서 미국에서는 알코올을 스스로 예방할 수 있는 사망 원인 3위(1위는 담배다)로 보고 있다.[12]

현재 유행하는 식물은 대마(hemp)이다. 대마 즉, 대마초(cannabis)와 대마의 주요 세 품종, 사티바sativa, 인디카indica, 루데랄리스ruderalis는 수천 년 동안 인류와 여러 방면으로 얽혀있었다. 그도 그럴 것이 밧

줄, 종이, 캔버스 천, 단백질 파우더, 유화 물감, 용매, 절연 자재, 비누, 샴푸 등은 모두 대마를 원료로 만든다. 심지어 조지 워싱턴은 대마를 직접 키우기도 했다. 대마초는 이제 칸나비디올cannabidiol(CBD) 약물로 사용된다. 칸나비디올이 통증, 불면, 불안 치료에 도움이 된다는 의학적 보고가 있었으며, 심지어 여드름을 없애고 심장질환을 치료하는 데도 유용하다고 한다.[13]

지금까지 보고된 칸나비디올의 효능 중 일부 혹은 전부가 진짜인지 아닌지는 논란의 여지가 있다. 칸나비디올 요법을 홍보하는 업계나 소문이 무성한 만큼 앞으로 더 연구가 필요하다. 대마의 또 다른 성분인 테트라히드로로칸나비놀(THC)은 정신 활성 화학물질이다. 식욕을 돋우는 효능이 있는 만큼 암 환자나 후천성 면역 결핍증(HIV) 환자에게 유용하다. 이 성분을 먹는다고 무조건 죽음에 이르는 건 아니지만, 알코올이나 니코틴처럼 판단력을 흐트러뜨리고 사망에 영향을 미칠 수는 있다.

가장 복잡하고 정교한 물질을 만들어내는 식물은 마치 화학계의 마법사, 멀린Merlin 같다. 식물에서 추출한 물질로 인간은 아픔을 치료하고 통증을 다스리며, 게다가 인간의 생식계를 조절한다. 그러나 식물은 인간의 정신을 완벽히 파괴하는 화합물도 만들 수 있고, 그로 인해 말 그대로 사람들을 미치게 할 만한 욕망을 낳는다. 인간이 더 많은 것들을 갈망하게 만든 그 끝에는 상상을 초월하는 고통과 죽음만이 남아있다.

종교가 식물을 대하는 방식

본질적으로 종교는 삶의 우여곡절, 일상적인 행동과 반응에 따른 운명, 그 모든 결과를 통제하는 더 높은 권능의 힘을 인간 본성에 불어넣으려 한다. 종교는 또 지리, 상업, 윤리, 교육 등에 따라 모습을 달리한다. 행동과 관행의 사회문화적 집합체이면서 인류가 서로 다른만큼이나 다변적으로, 여러 형태를 띤다. 그러나 식물과는 기능적으로 한 가지 공통점이 있다.

식물은 식량부터 의약품에 이르는, 자연이 규정한 모든 물질의 근원이다. 그렇기에 식물이 일상의 필요를 뛰어넘어 세상에 없을 성스러운 존재로 받아들여지는 것은 놀라운 일이 아니다. 식물은 전 세계 종교에서 필요로 하는 두 가지 본질적 요소를 충족한다. 첫 번째는 영성에 이르도록 돕는 통로, 두 번째는 종교적 의례와 의미, 영향력 자체를 상징한다. 식물은 수천 년 동안 거룩한 의식, 눈에 보이지 않는 본질, 심오한 우주적 의미를 해석할 때 등등 인간의 의식 상태를 전환할 때 사용되었다. 인간의 내면에 거룩함이 형성될 때, 우주와 직접적으로 연결될 때 수단이자 고리로 활용된 것이다. 식물을 이용한 다양한 의례를 살펴보면 문화적인 통찰은 물론 그 사회가 소중히 여기는 윤리적 가치와 명예 요소 등을 파악할 수 있다. 그러니 당연히 식물을 주의 깊게 통제하며 사용해야 했다. 환영과 죽음을 가르는 화학적 선이 가느다란 만큼 정확성이 요구되었다.

정신 활성 물질이 들어있어 의례에 주로 사용되던 식물 중에는 양귀비나 대마초처럼 익숙한 이름도 있지만, 그렇지 않은 것도 있다. 가령 학명이 효사이아무스 나이저Hyoscyamus niger인 사리풀(henbane)은 스코폴라민scopolamine을 비롯한 다양한 정신 활성 물질을 만들어낸다. 스코폴라민은 엑스터시 유사체로, 헬레니즘 시대에 아폴로 신전의 여사제들이 신의 계시나 예언을 받아들일 때 사용했다.[1] 실렌 운둘라타Silene undulata는 남아프리카공화국의 동쪽 곳에서 자생하는 식물인데, 뿌리를 활용하면 앞날을 보여주는 생생한 꿈을 꿀 수 있다고 해서 반투Bantu족은 이 식물을 신성하게 여겼다.[2] 샐비어Salvia, 특히 멕시코에 자생하는 샐비어 디비노럼Salvia divinorum은 잎에 오피오이드와 비슷한 화합물을 가지고 있다. 마자텍Mazatec 원주민의 샤먼은 영적 치유 과정의 일부로 환각을 일으키거나 의식을 고양할 필요가 있을 때 이 잎을 사용했다.[3]

과거의 이런 쓰임을 미개한 시대의 유산이라며 무시할 수도 있다. 그러나 과거는 머리글과 같은 존재가 되기도 한다. 산토 다임Santo

Daime은 1930년대 브라질 서부 지역인 아마조니아 아크레주의 계명을 바탕으로 생겨난 종교 단체이다. 여기서 평신도는 몸과 영혼을 치유하고자 할 때 바니스테리옵시스 카피Banisteriopsis caapi 덩굴과 사이코트리아 비리디스Psychotria viridis 관목에서 추출한 환각성 음료를 마신다. 이 음료 이름이 아야와스카ayahuasca 즉, 다임이며, 이 과정으로 사람들은 죄가 정화된다.[4] 현재 브라질 전역에 있는 아야와스카 수행 센터는 꽤 인기이며, 깨달음에 이르는 고속도로 정도로 여겨진다.

그 외에도 식물이 만들어내는 정신 활성 물질은 언제나 주목받았다. 페요테peyote, 다른 말로 로포포라 윌리엄시Lophophora williamsii도 상당히 유명하다. 19세기에 세워진 아메리카 원주민 교회는 기독교와 원주민의 의례를 독특한 방식으로 혼합했다. 교회 권위자들은 페요테와 페요테로 나타나는 효과를 아주 거룩한 성찬 예식으로 생각한다. 대안문화 전성기였던 1960년대에 잠시 유행했던 페요테는 최근 들어 다시 인기를 되찾았는데(아마 사라지지 않을 것이다), 오클랜드, 캘리포니아, 덴버, 콜로라도 같은 도시에서 합법화를 추진하고 있다. 아예 페요테 의식을 모든 성찬식에 적용하고, 알코올 중독 관련 정신 및 감정 통증의 일반 치료제로 사용하자는 주장도 있다.[5]

하지만 서구 세계의 또 다른 일부는 이 식물의 능력을 배척하고 싶은 유혹에 시달린다. 세계를 주름잡은 주요 종교인들이 이 식물을 너무 이국적이고 이질적이라며 대놓고 혐오하기 때문이다. 물론 이는 옳지 않은 방향이다. 알려진 바로는 기독교 의식에서도 몰약과 유황을 널리 이용한다. 유향은 아프리카와 인도 등 건조한 산악지대에서 자라는 보스웰리아Boswellia 나무 추출물로 만든다. 몰약은 캄미포라속 (Commiphora) 나무의 껍질에 상처를 내서 흘러나오는 수액 혹은 천연수지를 모은 것이다. 이 식물들이 환각을 일으키는 데 사용되지는 않지만, 성분을 태울 때 나오는 향이 신자들의 기도를 천국에 전한다고 한다.[6] 기독교에서 식물은 천국과 지구를 잇는 통로 역할을 하는 셈이다.

비단 의례에서 사용하지 않더라도 식물은 종교적으로 매우 중요한 상징적 역할을 해왔다. 상록수에 속하는 겨우살이는 1년 중 낮이 가장 짧은 동지에 꽃이 피는데, 그 때문에 동짓날 치르는 드루이드 의례에 불멸의 상징으로 이용되었다.[7] 힌두교도들은 비슈누 신의 기원과 관련이 있다는 이유로 연꽃에 깊은 영적 의미를 부여했다.[8] 힌두교도에게 이 아름다운 꽃은 찬란한 진줏빛이자 순수한 흰색이고, 생명·생식력·완벽함을 상징한다. 연꽃은 일상의 삶과도 같은 진흙과 암흑 속에서 피어오른다. 같은 맥락으로 힌두교도들은 사람의 마음속에도 신성한 연꽃의 영이 깃들었다고 믿는다. 불교도에게 연꽃은 삶의 과정, 개인의 영적 여정을 암시한다. 연꽃 봉오리는 깨달음을 얻기까지의 시간을 나타내고, 완벽히 개화한 연꽃은 열반의 의미와 배움, 정진을 상징한다.[9]

종교는 꽃만큼 나무도 중요시한다. 불교는 부처가 보리수나무 즉, 피쿠스 렐리지오사Ficus religiosa 아래에 앉아 수행하다가 깨달음을 얻었다고 말한다. 일본의 신도(조상을 숭배하고 천황을 신격화하는 일본 민족 종교−옮긴이)에게는 성지와 연관된 숲이 있고, 드루이드에게도 네메토나 여신과 관련된 숲이 있다. 북유럽 신화에 등장하는 거대한 물푸레나무 이그드라실은 암흑의 지하세계와 별이 빛나는 천계를 연결해준다. 유대교는 추수를 마치면 이를 축하하는데, 계율(십계명 중 한 계명)에 적힌 대로(레위기 23장 40절) 시트론나무, 대추야자나무, 은매화나무, 버드나무 총 4종의 나무로 초막을 짓고 수콧sukkot(광야를 헤매던 이스라엘 백성의 장막 생활을 기념하는 추수감사절로, '초막절 축제'라고도 부른다 — 옮긴이) 예배를 드린다. 불멸의 나무 혹은 생명의 나무와 같은 상징은 코란에도 두드러진다.[10]

기독교도 나무 형상으로 가득하다. 가장 독보적인 상징은 선과 악을 알려주는 지식의 나무일 것이다. 이브가 먼저 먹고 그 뒤에 아담이 먹은 그 나무다. 주목나무도 부활(오래되어 속이 빈 외피에서 새로운 줄기가 솟아나는 특성을 반영했다)을 의미하는 강렬한 상징물이다. 그 옛날 기독교 시대에는 고인의 관에 주목나무 순을 넣는 의식이 있었다. 또한 주목나무가 자라는 곳에 교회를 짓는 게 관례였다.[11]

식물을 바탕으로 한 의식은 나무종 너머로 확장된다. 그리스 정교회에서는 바질('왕에게 어울리는' '왕의'라는 그리스어에서 파생했다)이 십자가 숭배로 이어진다. 특히 사순절 시기에는 사제가 바질로 성수를 정화하고, 교회에 모인 신자들에게 성수를 뿌릴 때도 바질 잎을 사용한다. 그런 다음 바질로 장식한 십자가를 쥔 채 교회 주변을 돌고, 신도들은 작은 바질 다발을 나눠 받아 집으로 돌아간다. 집에 가져간 바질은 축복의 상징으로, 뿌리가 자랄 때까지 물에 담가두었다가 땅에 옮겨 심었다.[12] 종려나무 가지는 미덕과 승리를 의미했다.

그래서 로마 시대 때는 예수가 예루살렘에 왔음을 환영하는 의미로 이 문양을 동전이나 솔로몬 성전 같은 건축물에 새겼다.

종교라는 큰 틀에서 식물을 가장 단순하고 의미 있게 이용한 예는 기도문 속에도 등장한다. 모든 기독교인이 예배당에서 일요일마다 읊조리는 기도문, 바로 주기도문이다. 주기도문은 지나치게 감미로운 말로 시작하고 호소한 뒤 애원한다. "하늘에 계신 우리 아버지, 아버지의 이름이 거룩하게 하시며…"(신은 천국에 있고 신의 이름은 신성하게 여겨지며, 거룩하고 축복되며, 축성을 받을 것이며, 존경받고 훌륭해질 것이다.) 기도문은 또 다음과 같이 이어진다. "아버지의 나라가 임하시며 아버지의 뜻이 하늘에서와 같이 땅에서도 이루어지리다."(신은 신성시될 뿐 아니라 신의 왕국도, 신의 의지도, 바람도, 목적도 신이 천국에서 이루면 땅에 있는 멸망할 자 즉, 인간들 사이에서도 이루어질 것이다.)

여기서 잠깐, 만약 당신이 부모('우리 아버지'라 했으므로)이고 당신들의 십 대 자녀가 이런 구절을 되뇌며 외고 있다고 하자. 그렇다면 자녀들의 기도가 당신이 인정하는 범위 내에서 원대한 질문, 욕망, 바람을 향해 나아가고 있다고 여겨도 무방하다. 그러나 만약 당신이 신이라면 이 소원 목록은 상당히 부담스러울 수 있다. 적을 쳐부수거나 엄청난 부를 얻는 것, 개인적인 아름다움부터 지구 지배권력까지 그 어떤 것도 소원이 될 수 있으니 말이다.

그런 면에서 '오늘 우리에게 일용할 양식을 주시고'라는 첫 번째 요구 사항은 상당히 당황스럽다. 이들은 식물을 '제발'이라는 단어도 없이 단지 '주라'고만 요구하고 있다. 그중 수확하고 가루를 빻아야만 생명 유지에 도움이 되는 음식, 밀을 바란다. 게다가 그 일용할 양식을 자신뿐 아니라 '우리' 즉, 모든 사람에게 달라고 요청한다.

주기도문은 궁극적으로 인간이 몸·영혼, 신체적인 욕구와 신앙을 어떤 관계로 생각하는지를 보여준다. 굶주리고 있다면 신을 찾을 수 없다는 것이다. 먹을 음식이 없다면 동정이나 자선을 베풀기 어렵고 용서를 청할 수도 없다. 즉 인간이 공감할 수 있도록 도와달라고, 유혹과 악에서 구해달라고 신에게 청하는 기도는 결국 양식(빵)을 달라는 요구와도 같다. 간디Gandi는 일찍이 이 사실을 알았던 것 같다. "세계에는 굶주리는 사람들이 있으며, 신은 빵의 형상으로만 그들에게 나타난다."[13]라고 말하지 않았던가. 영혼의 욕구가 채워지려면 신체적인 욕구가 반드시 충족되어야 한다. 이를 이루는 최고의 수단은 식물, 바로 빵이다.

자연은 태양 아래 놓인 식물, 풍성한 꽃, 휘어진 가지 등 활기 넘치는 색으로 정의된다. 가장 높은 혹은 가장 큰, 가장 오래 산 생물 또한 식물이다. 가령 해안에 자라는 미국삼나무는 높이가 116미터에 이르고, 북미사시나무 단일 생명체인 판도Pando의 무게는 6,000톤이 넘으며, 캘리포니아주의 이름 없는 강털소나무 나이는 오천 살 이상으로 추정된다. 모든 종교는 신이 자연 속에 존재한다는 사실을 인정하라고 말한다. 그리고 사람들에게 눈을 뜨라고 강조한다. "자연은 항상 영혼의 색을 입는다." "나는 영혼의 길을 걷는다. 자연은 나의 성소다." "자연을 거닐 때마다 인간은 추구하는 것 이상의 것을 얻을 수 있다.""모든 꽃은 자연에서 피어나는 영혼이다." 이 모든 구절은 우리가 숲을 거닐 때, 야생화가 핀 들판을 볼 때, 여름날 잔디 위를 맨발로 걸을 때, 마음 깊은 곳에서 우러나는 감정이다.[14] 꽃에서 나무, 향신료에서 빵에 이르기까지 식물에는 어느 정도 공통점이 있다. 이들은 인간의 생명이 붙어있는 한 우리 삶을 치유하고 사람들을 하나로 모으며, 가장 순수한 형태의 경이를 가져다준다.

인간이 식물을 지배한다는 착각

식물은 주변 환경에 맞게 고유한 특성을 보여주는 한편, 모든 식물이 가치 있는 건 아니라는 분명한 진리를 깨닫게 한다. 농사일을 대하듯 식물을 다루다 보면 자연에 대한 인간의 기대는 언제나, 영영 어긋나고 말 것이다. 식물은 절대 인간이 세운 틀대로 자라지도, 불변하지도 않는다. 당연한 말이지만 식물은 제한된 자원을 얻고자 다양한 형태로 경쟁한다. 만약 인간이 한 줌밖에 안 되는 식물을 선택해 자신이 원하는 단일 형태, 단일체 식물을 널리 재배하려 한다면 토양은 망가지고 균열이 뒤따를 것이다. 그리고 덩굴옻나무, 남가새처럼 억센 식물 무리가 새롭게 생겨날 것이다. 이것이 1천 년 동안 이어진, 앞으로 계속될 끝없는 전쟁이다. 식물, 인간 중 누구에게 책임을 물을 수 있을까?

　작은 정원을 가꾸는 사람부터 가장 복잡하고 거대한 땅을 일구는 기업농 지주까지, 식물을 키워본 사람이라면 누구나 식물을 재배하는 데 쏟아붓는 시간 대부분을 하나의 단어로 요약할 수 있다. 바로 잡초 제거. 여기에는 그만한 이유가 있다. 인간이 원하는 식물은 대개 식량과 의복, 약품, 목재, 목초, 종교적 의식 등 다방면에 필요했다. 잡초는 이런 목적으로 식물을 재배할 때 가장 큰 걸림돌이었으며, 그건 지금도 마찬가지다. 곰팡이도, 세균도, 바이러스도, 해충도 아닌 또 다른 식물이 가장 큰 장벽이었다는 얘기다.[1]

농경 생활을 시작하면서 인류 문명이 출현했고, 이후 인간은 필사적으로 잡초를 제거하려고 계속 노력해왔다. 이는 인간의 생존이 잡초가 있는지 없는지에 달렸기 때문이었다. 도시인의 수가 그리 많지 않았던 농경사회 시절, 우리 사회가 여름방학을 만든 이유도 마찬가지다. 어린이들은 불과 초등학교 1, 2학년이라고 해도 여름방학 때 농장 일을 거들어야 했다. 하지만 어린이가 할 수 있는 일이란 정확히 뭐였을까? 여섯 살 어린이가 트랙터를 운전할 수도 없는 노릇인데 말이다. 아이들은 최소한 괭이질을 할 수 있다. 괭이는 잡초를 제거하는 도구로, 4천여 년 전 이집트의 상형문자가 묘사하던 그 형태를 거의 벗어나지 않았다.

사실 농업 기계화가 시작되기 전, 사람들이 쟁기를 발명하기 전까지 농부의 농경지 면적과 농산물 수확량은 잡초 제거에 달려있었다. 농부 가족이나 일꾼들이 얼마나 능숙하게, 또 얼마나 빨리 잡초를 제거하는가가 관건이었다. 그건 지금도 마찬가지다. 사람들은 잡초 제거를 문명이 시작된 이래 가장 위대한 '인간 노동의 성취'로 일컫곤

한다.[2] 그리고 학생들은 여전히 이 시기에 방학을 맞이한다.

이만큼 중요한 존재이니 어떤 식물이 '잡초'인가 하는 기준쯤은 명확하겠거니 생각할 수도 있다. 답은 그렇기도, 아니기도 하다. 어떤 식물이 잡초인지를 정하는 기준은 대법원이 포르노그래피를 정의하는 방식과 비슷하다. 즉, 딱 보면 알 수 있는, 불필요한 식물이 잡초다. 그러나 '필요 없는'이라는 말은 시간과 장소에 따라 의미가 달라진다. 예를 들어 옥수수 수확을 목적으로 재배 중이라면 옥수수는 필요한 식물이다. 하지만 이듬해 콩 재배로 목적을 바꾸면 그 땅에서 저절로 자라난 옥수수는 잡초가 된다. 이런 기준은 당신도 짐작하듯 임의적 서술로 가득하다. '잡초'는 시간과 장소에 따라 바뀌며 문화와 환경, 필요에 따라서도 달라진다. 인간은 분류학이라는 관점에서 잡초를 과학적으로 규정하는 데 실패했다. 한 문화권에서 잡초인 식물이 다른 문화권에서는 그저 눈에 띄지 않는 식물일 수 있다.

그러나 자연은 잡초를 생태학적 관점으로 분류한다. 잡초는 교란하는 능력을 활용해 무질서를 대량 확산하기로 유명하다. 잡초의 무질서 성향은 홍수와 화재, 지진, 허리케인처럼 거칠고 가혹한 면이 있다. 이미 존재하는 식물계의 질서를 파괴하고 참나무, 느릅나무, 소나무, 심포니아 글로불리페라Symphonia globulifera(고대인이 치아 관리에 사용한 나뭇가지 즉, 츄스틱으로 주로 이용하는 나무종─옮긴이)로 이루어진 강건한 숲을 산산이 조각낸다. 잡초가 일으킨 무질서는 결국 식물 생태계에 새로운 군체를 형성하고 지배할 기회를 제공한다.

잡초는 그렇게 만들어진 존재다. 수천, 수십만 개의 씨앗을 만들어내고 이 씨앗들은 공중을 부유하거나 훨훨 날아서 방방곡곡으로 퍼져나간다. 그러다가 신선한 흙이나 재앙이 지나간 자리에 닿으면 싹을 틔우고 재빨리 성장한다. 곤충이 방해하지 못할 정도로 놀랍게 번식해 점령하기 적합한 완벽한 장소에 뿌리내린다. 잡초는 생태계를 본인 뜻대로 개척한다. 게다가 튼튼하기까지 하다. 도저히 살 수 없을 것 같은 공간을 차지해 그곳을 생태계로 바꿔버린다. 이 말이 믿기 힘들다면 지금 당장 주차장에 가보자. 아스팔트로 포장하고 자동차들이 수천 번 지나다니는, 독성 화학물질로 범벅이 된 그곳 말이다. 시간이 지나면서 생겨난 균열 사이로 풀과 나팔꽃 덩굴, 가죽나무속(Ailanthus) 나무 등 온갖 잡초가 자라있다. 잡초 뿌리는 인간이 깔아놓은 타르를 가르고 새로운 씨앗을 흩뿌린다. 그곳에서 새로운 개체가 자라고 또다시 녹색을 키워낸다. 그렇게 10년이 지나면 버려진 타르의 강은 새로운 식물들의 보금자리가 될 것이다.

그 지역을 개척한 잡초는 모든 일을 끝내고 은퇴한다. 근처로 밀려난 식물 군락의 큰 씨앗들은 사라지지 않았다. 대재앙으로 잡초에 잠시 자리를 내줬지만, 서서히 그리고 반드시 원래 자리로 돌아올 준비를 한다. 그리고 다시 이 땅을 개척한 동종 사촌을 밟고 우뚝 올라선다. 문제는 이런 게임 주기를 인간들이 더 짧게 만들었다는 데 있다. 인간에게 이로운 특정 식물만을 남기고자 한 일이지만, 자연을 통제하려다 인간은 오히려 더 자주 혼란을 겪게 되었다. 잘 자라던 나무를 파내고 대지를 일구면서 새로운 환경위기를 만든 셈이다. 그 와중에 인간이 만든 대격변에 가장 먼저 적응한 잡초는 다시 선택받는다.

농업만이 아니다. 잡초는 인간이 휘젓는 곳이라면 어디서나 번성한다. 그리고 이 혼란은 순차적으로 독특한 잡초 무리를 이뤄 인간이 대지를 이용할 수 없도록 방해한다. 직접적으로 위험하며 끝나지 않을 토지 전쟁을 이어간다. 독성이 있거나 방목을 방해하는 강력한 잡초들은 주로 가축이 풀을 뜯을 수 있는 초원, 관목이 자라는 지대를 서식지로 삼는다. 잎이 무성한 등대풀과 노란별 엉겅퀴, 털빕새귀리와 쥐꼬리새풀, 염소풀과 황소 엉겅퀴(서양가시엉겅퀴) 등이 대표적인데, 이들은 방목지를 위협하는 300여 종 잡초 중 일부일 뿐이다.[3]

숲마다 독특한 잡초 전사가 있다. 미국 산림청(US Forest Service) 소속 제임스 밀러James Miller는 미국 남부 숲에서 빠르게 퍼지는 식물 혹은 식물군을 33종 이상 발견했다.[4] 여기에는 홀로 잘 자라는 동종 식물들을 옭아매 빛을 차단하는 칡, 서양 담쟁이덩굴, 인동덩굴, 노박덩굴 같은 덩굴 식물도 포함된다. 그 외에 다년생 잡초인 쥐똥나무, 야생 장미, 대나무, 침략적이라 알려진 참오동나무와 가죽나무 등이 있다. 또한 물이 들고 나는 해안지와 빗물을 관개용 혹은 주택용으로 사용하려고 따로 물길을 낸 곳에서도 개척종인 잡초는 요란하게 뿌리내린다. 털부처꽃, 소리쟁이, 물대(아룬도), 위성류속 나무가 여기 속한다. 이들은 멸종 위기에 처한 고유종을 위협하고 밀어내면서 휴양 환경에 부정적인 영향을 미치고, 수질을 떨어뜨린다.[5]

물 위를 떠다니며 생에 적응한 수생 잡초도 빠뜨릴 수 없다. 유용 작물의 성장을 촉진하는 비료가 빗물에 흘러내려 물가로 가면 조류, 검정말, 부레옥잠 같은 수생 잡초는 더 빨리 성장한다. 이 수생 잡초 때문에 식수에서는 역겨운 맛과 악취가 나고 다른 어류 성장은 억제된다. 뱃놀이나 수상 레포츠를 방해하거나 관개용수 흐름을 막기도 한다. 수로에서 자랄 경우, 상업 목적으로 이동하는 배의 항로를 방해하고 질병 매개체인 모기 같은 곤충의 서식지가 된다.[6] 그 외에도 단점은 끝이 없다.

사람들은 바람직하지 않은 식물이 퍼져나가는 것을 감지하면 이를 조절, 제한할 목적으로 잡초를 통제하려 한다. 그러나 인간 사회는 쟁기질, 괭이질, 갈퀴질로 살던 시대를 진작에 뛰어넘었다. 수십억 명을 먹일 식량을 얻으려면 원치 않는 식물을 수십억 포기쯤 없애야만 한다. 어떤 전쟁이든 그렇지만, 해결을 원한다면 새로운 전략과 혁신이 필요하다.

잡초 문제를 해결할 짧고 찬란한 순간이 딱 한 번은 있었다. 바로 원치 않는 식물을 골라 죽이도록 설계된 화학물질, 제초제가 광범위하게 보급되었을 때다. 뜨거운 햇볕 아래에서 발진이 돋아나면서도, 땀을 비 오듯 흘리며 온종일 잡초를 뽑은 적이 단 한 번이라도 있다면, 아마 당신도 이 방법에 동조했을 것이다. 제초제는 환경 감수성은 개나 주라는 심정이 들 정도로 손쉽고 빠르게 잡초를 제거한다. 그 풀이 개척종인지 아닌지와 상관없이 모조리 화학적으로 통제한다.

하지만 이런 통제 방식은 더는 혁신이 아니다. 100년이 넘는 시간 동안 바다 소금, 황산염, 질산구리(황산) 등 다양한 화학적 통제법이 실행되었다. 그중 아비산나트륨은 잠시지만, 철도 부지에서 고무나무 농장까지 어디서나 사용하는 가장 있기 있는 제초제였다.[7] 딱 하나 사소한(?) 문제는 이런 거였다. 아비산나트륨이 피부를 자극하고 화상을 입히며 피부 색소를 줄어들게 했다는 점이다. 또한 식욕 저하, 복부 통증 및 메스꺼움, 구토, 두통과 경련을 일으켰다(아비산나트륨은 발암물질로 분류하기도 한다).

이는 예고편에 불과했다. 이차세계대전 동안에 화학이 발전하면서 성능 좋은 새로운 잡초 제거제 시대가 열렸다. 1945~1965년 사이에 새로운 물질 100여 종 이상이 개발되면서 시험을 거쳤고 모두 승인받았다. 이중 핵심이 된 물질은 이사디(2,4-디클로로페녹시아세트산2,4-dichlorophenoxyacetic acid)와 이사오티(2,4,5-트리클로로페녹시아세트산2,4,5-trichlorophenoxyacetic acid)다. 두 화합물은 독성이 너무 강해서 소량으로도 잡초를 제거할 수 있었다. 1~2킬로그램 퍼 헥타르(kg/ha) 혹은 0.9~2.2킬로그램 퍼 헥타르면 충분했다.[8]

물론 이런 화합물을 사용하면 부작용이 따른다. 생태계 대부분을 잡초로 생각한다면 그 부작용은 특히 더 심각해진다. 베트남 전쟁 당시, 미군은 정글 고사 작전(Operation Ranch Hand)을 수행하면서 고엽제(Agent Orange, 접촉한 식물은 모두 죽이는 제초제) 수백만 리터를 베트남 전역에 살포했다. 왜 그랬을까? 아마 미군은 누이 좋고 매부도 좋은 작전이라 생각했을 것이다. 베트남 정글을 말라 죽게 하면 베트콩이 숨을 곳도 사라지고 식량도 없어지기 때문이다. 10년 동안 맹그로브 숲 면적은 2만 제곱킬로미터 이상 파괴되었다. 나중에 안 사실이지만, 고사한 작물 대부분은 베트남인에게 식량이었다. 베트남인의 지지를 얻기에는 완벽하게 비효율적인 작전이었던 셈이다.

문제는 또 있었다. 고엽제에 들어있는 다이옥신dioxin은 환경에 잔류하면서 각종 문제를 일으켰다. 아이의 비정상적인 발달을 비롯해 생식계 손상, 면역계 억제, 호르몬 교란, 거기에 암까지 유발했다. 하지만 농업에서 이와 비슷한 화학물질을 사용하는 일은 계속될 것이다. 사람을 땀에 절이고 녹초로 만드는 육체노동인 잡초 뽑기보다 고엽제를 사용하는 편이 더 쉬우니 말이다. 20세기부터 농장 규모는 계속 커졌고, 농업 기계화와 단일작물 재배가 일반화되었는데, 그 때문인지 화학적 병충해방제는 저항하기 너무 어려운 유혹이 되었다.

이 업적 정점에는 특별한 화학물질인 글리포세이트glyphosate의 발견과 적용이 있다. 글리포세이트는 식물에만 존재하는 독특한 생화학 경로로 들어가 모조 분자 역할을 자처한다. 그렇게 식물성단백질의 생산을 막는다. 게다가 1에이커당 2리터 정도만 뿌리면 가장 억센 잡초까지 죽일 정도로 효율적이다. 한 가지 단점은 잡초와 작물을 구별하지 못한다는 것이다. 즉, 글리포세이트는 모든 식물을 죽인다. 잡초만 무성한 곳이라면 다행이지만, 잡초와 작물이 함께한다면 큰 문제가 된다.

해결책이 있냐고 묻는다면 글쎄. 글리포세이트에 저항력을 갖도록 작물의 유전자를 바꿀 수는 있다. 그렇게만 된다면 글리포세이트를 어디에나 뿌릴 수 있다. 수백만 에이커에 달하는 콩이나 목화, 옥수수밭 등등… 그래서 글리포세이트 특허를 소유한 기업인 몬산토Monsanto사가 즉각 시도했다. 1996년에 몬산토사는 글리포세이트 계열 제초제에 내성을 가진 유전자 변형 콩, '라운드업 레디'를 미국 시장에 최초로 판매했다('라운드업'은 글리포세이트의 제품명). 1997년에는 미국 내 콩 경작지의 17퍼센트가 라운드업 레디 품종으로 바뀌었다. 2001년이 되자 재배 면적은 68퍼센트로 증가했고, 2010년에는 90퍼센트에 이르렀다. 이렇게 농부들 대부분이 선택하고 소비가 확실시되자 몬산토사는 또 다른 혁신에 박차를 가했다. 라운드업 레디 옥수수와 목화를 출시한 것이다.[9]

마침내 빛과 같이 결정판이 나타났다. 글리포세이트를 뿌리면 잡초는 완전히 망가진 채 끝장났다. 그것도 아주 한 방에. 라운드업이 엄청난 대성공을 거두면서 이 유전자 변형 작물을 분석한 수많은 연구 논문도 쏟아졌다. 논문은 대부분 윤작이나 다른 제초제 사용 같은 다양한 관리법이 글리포세이트보다 비효율적이라고 평가했다.[10] 농부들을 설득할 필요도 없었다. 비효율적인 다른 방법들은 모두 폐기되었다. 몬산토사는 이익을 극대화하고자 '터미네이터 종자'까지 만들었다. 이 작물은 자라서 열매를 맺지만, 열매의 씨앗을 땅에 심어도 이듬해 절대 싹이 나지 않는다. 결국 농부들은 매년 몬산토사에서 종자를 살 수밖에 없다.[11] 글리포세이트는 곧이어 제초제 시장을 장악했다. 혹시 진화가 일어나 글리포세이트 저항력을 무력화하는 돌연변이 잡초가 생기지는 않았을까? 몬산토사는 그러려면 두 가지 돌연변이가 일어나야 한다고, 그러니 그런 일은 절대 일어나지 않을 것이며, 타당하지도, 있을 수도 없는 일이라고 장담했다.

어쩌면 그 말은 옳았을지도 모른다. 그러나 격언에도 있듯이 그들은 자기 도끼에 발등을 찍혔다. 그들이 이룩한 성공의 희생자가 된 것이다. 대개 돌연변이 특히, 이중 돌연변이가 일어나려면 시간이 오래 걸린다. 그러나 글리포세이트는 흙에 뿌린 수준이 아니라 들이붓지 않았던가. 판매가 시작되고 10년이 지나자 글리포세이트 누적 사용량은 미국에서만 6,804만 킬로그램이 되었다. 이마저도 가정집에서 사용한 것은 제하고 농업 분야에서만 쓴 양이다. 그리고 2019년에 이 수치는 1억 1,340만~1억 3,608만 킬로그램으로 증가했다.[12]

수천만 킬로그램에 달하는 화학물질을 뿌려대면 식물은 스테로이드 내성 선택을 하게 된다. 그렇게 1998년에 이탈리안 라이그라스 작물에서 글리포세이트 내성 흔적이 나왔다. 이어서 2001년에는 쥐꼬리망초에서도 글리포세이트 내성이 발견되었다. 현재까지 잡초 24종에서 내성이 확인되었으며, 그중 14종이 북아메리카에서 나왔다.[13] 글리포세이트 내성 잡초는 미국 중심부에 널리 퍼져있으며, 파머아마란스와 같은 일부 잡초는 콤바인 기계를 멈춰 세울 정도로 무성하게 자란다.

물론 이게 전부는 아니다. 글리포세이트라는 화학물질이 수면 위로 올라올 때 이 파도에 함께 올라탄 제초제가 더 있다. 〈미국잡초과학회(Weed Science Society of America)〉에서 보고한 바로는 현재 제초제 내성을 가진 잡초는 70개국 기준으로 92개 종이다. 그리고 이 잡초들은 현재 사용하고 있는 제초제 23종 작용에 대한 내성을 진화시켰다. 여러 제초제에 다중 내성을 보이는 잡초는 100여 종 이상으로 확인된다.[14]

글리포세이트로 잡초와 전쟁해 승리했다는 생각은 착각이었지만 결실은 있었다. 기업들이 다시 원점으로 혹은 실험실로 돌아가서 새로운 해결책을 찾게 되었기 때문이다. 하지만 신구 화학물질을 무작위로 조합해 이 혼합물에 내성을 가진 새로운 유전자 변형 작물을 만들고 있다. 한편 라운드업은 여전히 살포 중이다. 잡초 내성이 날로 강해져서 글리포세이트 농도도 점점 높아지고 있지만 말이다.[15]

화학물질로 잡초를 통제하려는 유혹은 여전히 현재 진행형이다. 한때 만병통치약이었던 글리포세이트는 이제 절름발이 신세다. 예전에는 1년에 한 번만 뿌려도 충분했던 제초제가 이제는 서너 번은 뿌려야 한다. 전투가 이어지는 현재, 글리포세이트가 발병되지 않았다면 필요 없었을 제초제 수천만 킬로그램이 여전히 뿌려지고 있다는 사실은 모순일 수밖에 없다.

그리고 그렇게 전쟁은 계속된다. 인간은 식물을 정복할 수 있다고 확신하면서 필요할 때 원하는 것을 선택하고 남용한다. 어느 정도까지는 그럴 수 있다. 거의 80억에 가까운 인구를 먹여 살릴 만큼 충분한 작물을 경작할 수 있다는 사실은 우연이 아니니 말이다. 하지만 식물에 대응할 능력도, 자원도 필요 없다고 생각하는 사람들에게는 어리석은 짓이 아닐 수 없다. 잡초와 전쟁을 치를 때 우리는 나름대로 전진과 후퇴, 끝없는 투쟁, 기술 혁신, 화학적 승리 등을 예견한다. 그리고 잡초는 이 모든 것을 무효로 만드는 돌연변이를 보여준다. 그러니 인간은 식물이 지배하는 왕국에 속해있을 뿐이라는 사실을 늘 상기하는 게 좋겠다.

식물을 제대로 보지 못하는 사람들

자연이 언제나 경이롭기만 한 것은 아니다. 거친 남가새 풀을 맨발로 밟은 적도 있고, 장미 덤불에 팔뚝을 찔려 인간 바늘꽂이가 된 적도 있다. 그러나 꽃이든 음식이든, 덩굴이든 벨벳 같은 잎사귀든, 식물이 보여주는 순수한 경이로움(이는 하나의 마술이다)은 내 곁을 떠난 적이 없다. 식물은 환상이 아니라 강력하고 중대하게 실재하는 존재이기 때문이라고, 나는 짐작한다.

식물이 우리 삶에 이바지하는 방식은 정확하게 구분되지도 않거니와 즉각 이해할 수도 없다. 가령 예술과 음악은 인간을 규정하는 훌륭한 예시인데, 식물은 지금도 그렇지만 앞으로도 이런 활동에 원초적 영감으로 존재할 것이다.

생각해보면 어떤 미술관이라도 나무, 풀, 꽃을 그린 그림은 늘 걸려있다. 고대 동물 벽화에 나무를 그린 이후로도 꽤 오랫동안 식물은 예술가들의 뮤즈였다. 반 고흐Van Gogh의 〈아이리스Iris〉, 마네Manet의 〈꽃다발(Bouquet of flowers)〉, 조지아 오키프Georgia O'Keeffe의 〈흰독말풀/하얀 꽃(No.1 Jimson Weed/White Flower No.1)〉과 같은 그림을 떠올려보라. 음악도 마찬가지다. 식물에서 영감을 얻은 작품이 많으며, 차이코프스키Tchaikovsky의 〈꽃의 왈츠(Waltz of Fowers)〉, 푸치니Puccini의 현악사중주 〈국화(Crisantemi)〉{국화(chrysanthemum)에서 영감을 얻은 작품}, 그룹 도어스The Doors의 〈히아신스 하우스Hyacinth House〉, 톰 페티Tom Petty의 〈야생화(Wildflowers)〉 등을 예로 들 수 있다. 문학 작품은 어떤가? 문학이야말로 사례를 들기 충분한 분야다. 로버트 프로스트Robert Frost의 《눈 내리는 저녁 숲가에 멈춰 서서(Stopping by Woods on a Snowy Evening)》나 조이스 킬머Joyce Kilmer의 《나무들(Trees)》, 마이클 폴란Michael Pollan의 《욕망하는 식물(Botany of Desire)》 등이 있다.

그러나 식물은 영감만 주는 존재가 아니라 실용적이기까지 하다. 눈 내리는 저녁에 숲을 지나다가 문득 신을 명상할 수도 있지만, 숲은 종이가 되기도 한다. 글을 쓰고, 시를 짓고, 당신의 상상 속에서 튀어나온 어떤 색채나 형상을 구체적으로 옮길 그 종이 말이다. 나무는 음악을 만드는 데 필요한 재료 즉, 기타, 바이올린, 파이프 오르간의 원재료를 제공한다. 새로운 설계, 새로운 형태, 새로운 첨탑, 새로운 황홀감을 선사할 기본 건축재이기도 하다.

식물의 실용성은 예술과 인간을 넘어 모든 살아있는 생명체에게 영향을 미친다. 우선 식물은 가장 기본적인 필수 요소를 생물들에게 제공하고, 모든 움직임에 꼭 필요한 산소를 내준다. 또 증산작용으로 땅속 수분을 끌어올려 대기로 내보내는데, 수분은 흙에서 식물 뿌리로, 줄기를 타고 올라가 잎으로, 그러고는 대기로 나간다. 숲 전체가 이런 방식으로 흙에서 물을 끌어다가 비와 구름을 만들어낸다. 식물 뿌리는 수분이 강과 호수로 흘러들기 전에 오염 물질을 분리하고 걸러내는 정화 역할을 한다. 물길 주변에 식물이 자라면 호수와 강이 회복되는 이유가 여기에 있다.

이처럼 식물은 대기와 물, 흙과 햇빛에 들어있는 기본 요소를 거의 마술처럼 다룬다. 그런 다음 모든 생물이 건강히 살아가는 데 필요한 자양분으로 바꿔놓는다. 그런 의미에서 식물은 가장 정교한 화학자이자 상상 이상의 새로움을 만들어내는 창조자다. 동물이 그토록 바라고 필요로 하는 공급자다. 식물은 집을, 쉼터를, 그늘을, 구조물을 제공한다. 모든 생명체 즉, 새우와 고래, 나비와 코끼리 등 크고 작은 동물이 살아갈 수 있는 환경을 만들어준다. 식물은 지구에 사는 생명체를 지배하고 있는 거대종이며, 그 아낌없는 퍼부음으로 우리는 존재할 수 있다.

그러나 인간은 '오만'이라는 꺼풀에 덮여 독특한 색맹 증세를 보인다. 인간은 식물을 도무지 특별하게 생각하지 않는다. 생명의 기반, 문명의 토대라고 여기지도 않는다. 꺼풀을 걷어내야만 마술을 볼 수 있다. 벌의 먹이인 꽃꿀, 벌새가 먹는 꿀, 들소의 먹이인 풀 등이 눈에 들어온다. 크릴새우는 원시 식물인 식물성 플랑크톤을 먹고, 가장 큰 포유류인 대왕고래의 먹이가 된다.

꺼풀이 걷혀도 보이지 않는 게 있다. 땅 밑에서 자라는 뿌리는 토양의 다양성을 촉진하고 유지하게 하는데, 표토 1작은술에 미생물 약 60억 마리가 살고 있다. 이들은 모두 식물 뿌리에서 영양을 얻는다.[1] 토양은 곰팡이부터 지렁이까지 모든 생물이 존재하는 '소우주'이며, 지구상 어떤 물질이든 재활용하려면 토양이 필요하다. 나뭇가지가 우거져 만들어지는 임관층은 숲의 지붕 격이다. 인간의 눈으로는 제대로 볼 수 없지만, 동물에게는 고층 건물이나 다름없고 열대 우림 지역에 사는 동물들 대부분(90퍼센트)은 이것을 집으로 여긴다. 곤충, 새와 원숭이, 개구리, 나무늘보가 서식하고, 어떤 식물은 높은 나뭇가지 사이에서 틈을 발견해 살아간다.[2]

식물 찬양을 이어가기에 앞서 동전의 다른 면도 지적해야겠다. 음악가들, 특히 나무로 만든 목관악기를 연주하는 음악가는 전 세계 하천 주변에서 흔히 볼 수 있는, 키가 크고 잎이 무성한 식물인 갈대를 알 것이다. 음악가들이 이 식물과 친숙한 이유는 속이 텅 비어있는 갈대의 속빈줄기(속이 비고 마디가 있는 식물의 줄기—옮긴이) 때문이다. 목관악기 대부분은 속빈줄기로 리드를 만든다. 지금까지도 갈대를 대신할 만족스러운 대체물을 찾지 못했다. 갈대는 음악의 발전과 전파에 영향을 미치면서 서양 문화에서 매우 중요한 존재로 자리매김했다. 하지만 잡초를 연구하다 보면 아룬도 도낙스Arundo donax 즉, 물대가 등장한다. 물대는 토착 생태계에 해를 입히는 외부 위협 잡초로 알려졌는데, 개울 둑이나 호숫가를 포함한 습지대에 침입해 지배종이 되기 때문이다. 물대는 야생 동물의 서식지를 파괴하고 홍수 조

절을 방해하며, 화재 위험을 높인다.[3]

또 다른 사랑스러운 식물을 살펴보자. 아마존 유역이 원산지인 이 식물은 세계 전역의 물 위를 조용히 떠다니면서 우아한 분홍 혹은 라벤더 빛깔의 꽃을 피운다. 모습이 아름다워서 수집가도 많았고 전 세계로 퍼져나갔다. 바로 부레옥잠(water hyacinth)이다. 심미적인 아름다움을 인정받아 널리 퍼진 이 아름다운 꽃은 이제 전투를 좋아하는 괴물로 변해버렸다. 전염병처럼 호수나 강의 생물다양성을 위협하고 주택으로 흘러가는 상수도 흐름을 방해하는 것은 물론, 농작물에 물을 대려고 놓은 수로를 틀어막는다. 이들의 번식을 막으려는 인간, 이에 대응하는 부레옥잠의 무시무시한 저항력은 이미 전설이 된 지 오래다. 결국 부레옥잠은 세계 곳곳에서 가장 피해가 큰 침입종 목록에 올랐다. 이들의 증식 속도는 얼마나 빠를까? 부레옥잠은 1989년, 아프리카에서 가장 큰 호수인 빅토리아호수에서 처음 발견되었다. 그런데 1995년이 되자 빅토리아호수 우간다 영역의 90퍼센트가 부레옥잠으로 뒤덮였다.[4]

식물은 삶에 없어서는 안 될 필수 요소다. 태양 에너지를 화학물질로 바꿀 수 있는 생물(식물) 없이는 우주의 어떤 생태계도 존재할 수 없다. 그렇다. 식물은 아름답고 때로는 영감을 주지만, 동시에 생명체의 기능을 반영하는 기본적이며 실용적인 필수 요소이다. 사람들은 꽃을 바라보며 그 아름다움에 말로 표현할 수 없을 만큼 감동하지만, 곧이어 꽃에서 날아온 꽃가루에 금세 코를 실룩거리다 재채기한다.

인간은 현실에 안주하며 자랐다. 인간이 그 무엇보다 우월하며, 식물이 언제 어디에서 자라든지 통제할 수 있다고 믿으며 의기양양했다. 그렇기에 우리는 결과를 제대로 보지 못했다. 녹색 꺼풀에 덮여 고질적인 방향감각 상실에 빠졌다.

Part 1에서 나는 식물생물학이 왜 그토록 중요한지, 왜 인간의 생존에 필수 요소인지를 설명하려 했다. 식물의 아름다움만을 전하지 않고 모두가 알고 있듯이 삶에서 얼마나 중요한지를 전하려 했다. 이를 통해 식물의 역할에 감사하는 마음이 커지기를 바랐다.

이는 뒤이어 나올 의문에 명확한 질문을 던지기 위해서다. 지금껏 설명했듯이 이토록 중요한 식물을 인간이 바꾸려 할 때 어떤 일이 일어날까? 식물 전체를, 지구상에 존재하는 모든 식물을 바꾼다면? 인간이라는 만물 수선공이 식물화학, 종 다양성, 농업생산량을 넘어서서 인간과 식물의 문화적·사회적·의학적 관계에 전부 개입해 중요한 순간마다 영향을 미친다면 어떻게 될까?

Part 2

식물의
과학적 탐구

이산화탄소와 식물 환경에
질문을 던지다

할아버지와 삼촌은 가끔 내게 마술을 보여줬다. 아이였을 때, 나는 두 분이 허공에서 뭔가를 만들기 위해 정교하게 손을 놀리거나 손가락을 딱 소리 나게 튀길 때 자주 넋을 잃었다. 미소 짓고 고개를 끄덕이며 보여주는 익살스러운 행동은 언제나 나를 열중하게 했다. 눈을 휘둥그레 뜨고 입을 헤 벌린 채 두 분을 바라보곤 했다.

나는 더 많이 알고 싶었다. 두 분이 마술의 비밀을 알려줬음에도 나는 마술에 매료되었다. 마술을 배울 당시, 나는 무에서 유를 창조하는 순간을 만들어낼 때 기술, 연습, 인내심이 필요하다는 사실을 인정하게 되었다.

생선과 자전거가 다르듯이, 정원 가꾸기는 마술과 동떨어진 일처럼 보일 수 있다. 그러나 최소한 내게는 무에서 유를 창조하는 똑같은 일이다. 화분에 옥수수나 토마토 씨앗 몇 알갱이를 심으면 놀랍고

즐거운 일이 일어난다. 식물이 갑자기 나타나서 우아하고 곧은 초록색으로 자연스럽게 자란다. 복잡한 마술처럼 만족스럽지만, 과정은 마술보다 훨씬 단순하다.

게다가 쓸모도 있다. 노동자 계층 가정에서 언제나 가치를 인정받는 것, 바로 음식이 되기 때문이다. 멋진 마술과 달리, 식물은 먹을 수 있는 음식이다. 과거에도 그랬다. 나이를 먹을수록 나는 대담해졌다. 정원에 꽃과 나무를 심었다. 그러면서 내 안에서 무언가 다른 것도 자라났다. 경이로움이라는 감각, 생명체를 향한 감탄이었다. 나는 무언가의 일부, 바로 자연의 일부였다. 세상은 아주 조금이나마 나를 거쳐서 흘러갔다,

Part 1에서는 식물이 부리는 마술을 일부나마 말로 옮기려 했다. 식물이 펼치는 활기차고 매혹적인 우주론을 조금이나마 소개하고 싶었다. 그러나 눈속임이 어떻게 이루어지는지 확인하는 것도 마술의 일부다. 기본적인 원칙과 연습의 가치를 인정해야 하고, 마술을 실행할 때는 손의 각도, 속임수, 주문의 효과를 알아두는 게 좋다. 물론 속임수가 이뤄지는 과정을 깨달으면 환상이 깨지기는 한다. 하지만 환상이 깨져야 오히려 환상을 강화할 수 있다고 믿는다. 환상이 깨지면 가치, 통찰, 지식을 얻게 된다. 그리고 만족감이 더해진다.

내가 볼 때 식물 즉, 지구에서 솟아나는 초록색의 마법 뒤로 감춰진 역학은 눈에 보이지 않아도 연구할 가치가 충분했다. 그래서 과학, 그중에서도 식물과학을 연구했다. 이어서 토양학과 환경과학도 연구했다. 단순하게만 보이는 식물이 사실은 얼마나 복잡하던지! 농

업 경제학, 수경 재배, 식물학, 생태학, 곤충학, 임학, 유전학, 원예학, 병리학, 생리학, 과수원예학, 포도주 양조학, 독성학, 포도 재배학은 모두 식물과학 아래 있는 일부 학문에 불과했다.

그 과정은 매력적이었다. 대개 그렇듯 더 많이 알수록 질문은 늘어나고 더 깊이 파헤치고 싶어진다. 연결고리를 발견하고 지식과 통찰을 얻으려는 동기가 샘솟는다. 그 과정에 좋은 스승을 만난 것은 큰 행운이었다. 그는 언제나 나를 격려했고 내가 가진 질문을 제대로 탐구하도록 도와줬다.

과학을 탐구할 때 과학자들은 자신이 흥미롭다고 생각하는 질문, 답을 알고 싶은 질문을 제시한다. 과학자는 그 질문에 맞는 가설을 세우고 실험한 뒤, 실험 방법을 설명하고(다른 사람이 우리가 한 실험을 재현할 수 있도록 자세하게 설명한다) 결과를 발표한다. 그런 다음 결과를 이전에 밝혀진 자료와 연장선에 두고 논의한다. 마지막으로 이 논문을 학술 기관에 보내 이 과학자가 세운 가설이 얼마나 굳건한지, 이 발견이 추후 미칠 영향력은 어떨지 등을 입증한다. 실험과 결과의 적확성을 또 다른 전문가(동료들)가 '더 큰 관점'으로 검토하는 것이다.

모든 과학자가 그렇다고 말할 수는 없어도, 나는 내가 학술지에 발표했던 논문을 허투루 보고 덮은 적이 한 번도 없다. 보통 나는 "혹시 X를 생각해보거나 Y를 고려했던가?" 하는 질문이 담긴 긴 목록을 확인한다. 동료 검토 과정은 중요한 질문에 답을 찾을 기회이며, 과학 방법론의 핵심 과정이기도 하다. 내 말을 믿어도 좋다. 모든 과학자가 갖춘 인간적인 면모가 바로 이 부분에 있다. 과학자들은 다른 과학자의 실수를 지적하는 일에 망설이지 않는다.

만약 대기 중 이산화탄소가 증가하는 원인이 인간의 활동과는 전혀 관련이 없으며, 식물에 아무런 영향을 미치지 않는다고 생각하는 누군가가 있다면 부디 발표된 자료를 바탕으로 검증해보길 바란다. 단, 적대적인 방법이 아닌 과학적인 방법을 택하자. 대기 중 이산화탄소가 증가하는 이유에 맞는 가설을 세우되, 화석연료를 태우는 등의 인간 활동을 제외한 가설을 세워야 한다. 초과로 발생한 이산화탄소에 식물이 생리적으로 반응하지 않는다는 사실을 실험으로 보여주면 가설은 입증된다. 실험 과정을 상세히 설명해 다른 사람들도 그 결과를 재현할 수 있게 해야 한다. 그러면 다른 전문가들이 당신의 실험에 오류나 편향성이 있는지 없는지 평가할 것이다.

이제부터 내가 소개할 자료는 모두 동료 심사 과정을 거친 것들이지만, 이게 완벽한 결과라는 의미는 아니다. 오히려 그 반대다. 정치나 종교와 달리 과학은 질문과 의심을 환영한다. 말하자면 과학자들은 더 많은 이들이 자신의 질문을 실험하고 그 결과를 발표하길 기다린다. 그러므로 이 자료에서 내가 놓친 일관성 있는 오류가 발견된다면 반드시 알려주길 바란다.

강낭콩을 젖은 종이 타월에 감싸 물기 자작한 유리병 바닥에 놓고, 병째 창문턱에 올려둔 적이 있는가? 초등학교 시절 모두가 배워봤을 식물과학의 기본 지식 중 하나다. 강낭콩은 시간이 지나면 쪼개져 연두색 싹이 올라온다. 그리고 유리병 가장자리 위로 잎이 자라난다. 이때 교사는 "식물이 자라는 데 필요한 건 무엇일까요?"라고 묻지 않았나? 만약 그런 경험이 있다면 아마 당신은 답을 기억할지도 모르겠다. 빛, 물, 질소와 인 같은 영양분들이다.

이제 작은 실험을 하나 해보자. 이렇게 가정해본다('가정한다'라는 말은 언제 들어도 경이롭다). 당신이 식물에 필요한 자원을 늘리는 초능력을 가지고 있다고 하자. 당신 집의 뒷마당과 이웃, 도시, 마을, 자치주, 국가를 넘어 전 세계, 모든 생태계 식물에 필요한 자원을 증가시킬 수 있다고 가정하는 것이다. 이 자원을 증가시키면 당신은 당연히 모든 동물의 삶, 모든 세균의 삶을 변화시킬 수 있다. 땅돼지부터 얼룩말, 개미부터 민벌레까지 모든 동물이 식물을 먹이로 삼기 때문이다. 더 세밀하게 특정해보자. 당신은 이미 특정 자원을 25퍼센트 늘렸으며, 당신 자녀들이 살아가는 동안 다시 50퍼센트를 더 늘리려고 한다. 이런 어마어마한 일이 과연 가능할까?

그렇다. 우리는 식물이 자랄 때 빛이 필요하다는 사실을 알고 있다. 물론 인간은 식물재배를 돕는 조명을 여기저기 설치할 수 있다. 그러나 태양에 엄청나게 큰 조광 스위치를 달아서 빛을 조절하는 건 무리다. 그러니 조건 중 빛은 제하기로 하자. 다음으로 식물 생장에 필요한 것은 물이다. 인간은 관개용 수로를 내거나 화분에 심은 화초에 물을 줄 수는 있지만, 이제껏 전 세계 강우량을 25퍼센트 이상 늘리지는 못했다. 양분은 어떨까? 음, 이쪽은 그래도 실현 가능성이 좀 있어 보인다. 대지의 40퍼센트가량은 농업 용지인데, 우리는 비료, 질소, 인, 포타슘 등을 뿌리고 있다. 그러나 여전히 전 세계적 목표인

25퍼센트 달성에는 어림도 없다.

　이산화탄소는 어떨까? 여기에는 배경지식이 약간 필요하다. 당신과 나, 당신의 부모, 고양이와 개, 금붕어와 햄스터… 모든 살아있는 생물은 대부분 탄소로 이루어졌다. 탄소는 우리 몸의 기본 구성 요소이며 인간의 단백질, 지방, 핵산(DNA와 RNA) 등을 구성한다. 식물은 태양 빛으로 물 분자를 분해해 에너지(수소 에너지)를 얻고 탄소를 고정한다. 탄소는 모든 생명체의 화학반응에 꼭 필요한 요소인데, 앞서 분해된 분자 중 남은 산소와 결합해 대기로 보내진다. 즉, 광합성(photosynthesis)은 빛을(photo-) 탄소로 바꾸는 과정(synthesis)이다. 물론 다른 양분들도 필요하다. 단백질을 만들려면 질소가, DNA를 만들려면 인이 필요하지만, 탄소는 모든 생명체를 하나로 묶는, 말 그대로 사슬 역할을 한다. 그렇다면 이 탄소는 어디에서 왔을까?

　바로 대기 중 이산화탄소에서 왔다. 그리고 여기에 문제가 숨어있다. 먼 옛날, 10~25억 년 전(공룡이 나타나기도 전)에는 대기 중에 이산화탄소량이 상당했다. 그러니까 현재보다 200~1,000배 정도 많았다. "그때는 이산화탄소가 대기 중에 그렇게나 많았는데, 왜 지구가 녹아내리지 않았느냐"고 누군가 묻는다면, 답은 간단하다. 당시에는 태양 에너지가 지금보다 현저히 낮았다.[1] 하지만 지난 몇백만 년 동안 다양한 기상현상이 일어나면서 대기 중 이산화탄소 농도가 200~300피피엠ppm 수준을 유지했다.[2] 이 농도라면 식물은 탄소가 모자라서 굶주린 상태라 볼 수 있으며, 광합성 효율은 절대 최대 수준에 이르지 못한다. 그리고 광합성은 식물 성장에 필요한 탄소를 제공하므로, 식물 성장률도 최대 수준에 도달하지 못한다.

다시 처음 문제로 돌아가자. 이산화탄소는 자원이다. 이산화탄소 농도를 높이면 식물은 더 효율적으로 반응한다. 이 사실은 논문 수백 편으로 입증할 수 있다.[3] 이산화탄소량이 늘어나면 식물은 더 잘 자란다. 그런데 인간은 이산화탄소 농도를 어떻게 높이고 있을까? 화석연료(석탄, 가스, 석유 등)를 태우는 방식이다. 화석연료는 곧 죽은 식물(동물도 조금 섞였다)로 만든다. 수백만 년 전에 이미 죽은 식물, 이산화탄소를 탄소가 풍부한 생물 원료로 바꾸는 데 사용한 식물들 말이다. 정리하자면 화석(탄소)연료를 태우는 방식은 탄소를 산화하는 과정이고, 단순화하면 산소(O_2)와 탄소(C)로 이산화탄소(CO_2)를 만드는 것이다. 그 많은 탄소를 저장하는 데 수백만 년이 걸렸는데, 지질학적 언어로 말하면 사람들은 눈 깜짝할 사이에 그 모든 양을 소모해버린다.

하와이에 있는 마우나로아 관측소(Mauna Loa Observatory)의 이산화탄소 관측 결과를 보면 그림 6.1로 알 수 있듯이, 자동차 배기가스나 사람들 호흡 등으로 발생하는 주변 환경 이산화탄소는 1975년 이후 약 25퍼센트 증가했다.[4] 이번 세기가 끝날 무렵이면 50퍼센트가 더 증가해서 600~800피피엠에 이를 것으로 추정된다. 궁금할 것 같아서 덧붙이자면 그래프에 보이는 지글거리는 봉우리는 여름과 겨울에 식물의 이산화탄소 흡수량이 달라지면서 생긴 모양이다. 북반구 나무들은 겨울에 잎이 많이 지므로 봄과 여름에 이산화탄소를 더 많이 흡수한다.

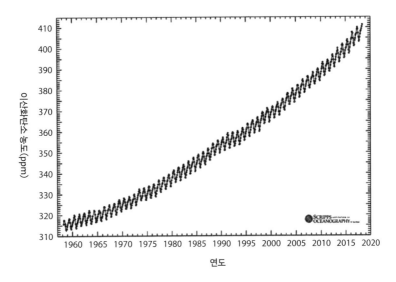

하와이 마우나로아 관측소가 측정한 월평균 이산화탄소 농도

그림 6.1. 1957년 이후 해마다 주변 환경의 이산화탄소 농도를 추적해 기록한 킬링 곡선. 스크립스 이산화탄소 프로그램(Scripps CO$_2$ Program) 자료로, 2018년 6월에 마지막으로 갱신됐다.

출처 | 미국 국립해양대기국 (National Oceanic and Atmospheric Administration)

인간은 식물이 자라는 데 필요한 이산화탄소 자원을 계속 늘려왔고, 앞으로도 그럴 것이다. 이는 우리에게 분명한 질문을 던진다. 이 일이 왜 옳지 않은가? "이산화탄소는 식물의 먹이다"라는 말을 기억하는가? 답은 당신의 관점과 이전에 겪은 식물 관련 경험에 따라 조금씩 달라질 것이다. 과학이 아닌 관점으로는 "글쎄", 식물 집사 관점이라면 다양한 질문이 나올지도 모른다. 이 문제가 내 토마토 성장에

어떤 영향을 미칠까? 찻잎이 자라는 데는? 아니면 커피에는? 위티
즈(미국의 시리얼 브랜드—옮긴이)는? 내 마리화나 화분은 괜찮을까?
콜록, 콜록… 내 무명천 작업복은? 내 난초는? 내가 우울증 약으로
먹는 세인트존스워트 속 하이퍼리신hypericin은? 내 클라리넷을 구성하
는 리드용 갈대는? 내 정원에 자라는 잡초들은? 맙소사, 칡 문제는
어떻게 해야 할까?

식물과학자의 관점은 또 조금 다르다. 이산화탄소 농도가 높아지
면 모든 식물이 같은 방식으로 반응할까? 앞으로 이산화탄소가 더
증가하면 식물은 어떻게 반응할까? 모든 식물이 똑같이 반응하지 않
는다면 종 다양성에는 어떤 영향이 있을까? 식물들은 '승자'와 '패
자'로 나뉘려나? 이 현상은 전 세계 먹이사슬에 어떤 영향을 줄까?
곤충의 생식 능력에는 영향이 없을까? 농사짓는 땅의 잡초는 어떻
게 될까? 질병 매개체인 진드기류나 모기의 먹이는 늘어날까, 줄어
들까? 약 대신 약초를 먹는 원주민에게는 어떤 영향이 있을까? 세계
마약 시장은 어떻게 될까? 에리트록실럼 코카Erythroxylum coca(코카인)
생산에는 영향이 있을까? 라운드업Roundup 같은 제초제는 어떻게 될
까? 잡초를 화학적으로 통제하는 데 영향이 있을까? 이산화탄소 증
가로 식물 성장이 촉진되었을 때 내가 먹는 식량의 영양학적 품질에
는 변화가 없을까? 다른 동물의 먹이가 되는 식물은 어떻게 될까?
남가새 같은 침입 식물 종은 더 진화할까? 파테니움parthenium은?

보수당 정치인은 여전히 이렇게 말할지도 모르겠다. 이산화탄소
는 식물의 먹이다. 식물은 유용하다. "망할 진보당 놈들은 인간이 이

산화탄소 증가가 낳은 식물과 동물로 풍성한 환경에 살게 되었다는 사실을 모르나?"라고 말하며, 이산화탄소 증가는 산업혁명이 가져온 예상치 못한 선물이라고 말할 것이다.[5]

진보당 정치인은 물론 그렇지 않다고 답할 것이다. "이산화탄소 증가가 식물에 미치는 긍정적인 효과는 화재와 폭풍, 해수면 상승, 기온 상승으로 상쇄될 거라고, 이산화탄소 증가에 긍정적인 효과가 있더라도 그 영향력은 미미할 것"이라고 말이다. 그리고 양분이나 해충 같은 다른 요인의 영향을 받게 될 거라 경고할 것이다. 그러니 이산화탄소 효과는 절대 유익하지 않으며 무시해도 좋을 수준이라고 주장하면서, 기후변화, 굶주리는 북극곰과 해수면 상승에 관심을 기울여야 한다고 말하리라.

늘 이런 식이다. 사람들은 대부분 이산화탄소가 식물을 자라게 한다는 사실, 대기 중 이산화탄소가 증가하고 있다는 사실까지만 안다. 하지만 이 사실이 가리키는 온전한 의미는 당신이 무엇을 보고 싶어 하는지에 따라 달라진다. 현실을 알고 싶다면 더 많은 정보를 알아야 한다. 뒤이어 나올 글에서는 최근, 그리고 미래 대기 중 이산화탄소가 계속 증가하는 현실이 식물과 식물에 의존해 살아가는 인간, 그외 다른 모든 생명체에게 어떤 의미인지 더 자세히 알아보려 한다. 할 수 있는 한 과학적인 관점으로 이 문제를 바라보도록 하자.

대립과 문제 제기를 격려하는 학문 혹은 직업은 거의 없다. 하지만 과학은 예외다. 그래서 나는 이 과학적 렌즈를 활용해 "이산화탄소는 식물의 먹이다"라는 주제를 더 깊이 탐구하려 한다. 이 주제는 다층적이고 복잡하며, 우여곡절로 가득하다. 그래서 더더욱 과학을 적용해 식물생물학 뒤에 숨은 마술 현상을 설명하는 데 최선을 다할 생각이다. 바로 다음에 나올 글에서는 이산화탄소 증가의 장점 즉, 인류에 유익한 식물을 가져다줬다는 의미를 살펴볼 것이다. 그다음 글에서는 식물과 생태계에 이산화탄소 증가가 미치는 부정적인 영향을 검토한다. 그리고 마지막으로 이산화탄소 증가가 식물에, 나아가 모든 생명체에 어떤 의미였는지를 살피는, '하느님 맙소사'라는 말이 절로 나오는 글이 이어질 예정이다.

이산화탄소 증가가 이로운 이유

맞는 말이다. 이산화탄소는 식물의 먹이다. 그리고 인간은 식물, 대부분 쌀, 밀, 옥수수를 주식으로 먹는다. 이 식물들은 세계인구가 섭취하는 열량의 절반을 차지하며, 수수와 같은 곡물, 감자 같은 뿌리채소 몇 가지를 더하면 전 세계 식량 공급량의 80퍼센트가 채워진다. 그러니 이산화탄소가 많아지면 식량도 풍부해진다. 정말 그럴까?

맞을 수도 있고 아닐 수도 있다. 늘어나는 이산화탄소를 측정하는 방법에 따라 결과로 도출되는 수치는 달라지지만(즉, 실험을 실내에서 했는지 실외에서 했는지에 따라 달라진다), 여기서는 세 가지 주요 작물인 밀, 벼, 콩의 실외 실험에 초점을 맞춰보자.[1]

밀: 향후 이산화탄소 농도가 700피피엠 수준으로 높아지면(이번 세기가 끝날 무렵의 추정치) 밀 수확량은 19~26퍼센트 증가할 것이다.

벼: 향후 이산화탄소 농도가 마찬가지로 700피피엠까지 높아지면 벼 수확량은 13~26퍼센트까지 늘어날 것이다.

콩: 이산화탄소 농도가 700피피엠까지 높아지면 콩 수확량도 28~40퍼센트 늘어날 것이다.

이것이 앞으로 다가올 긍정적인 미래다. 그렇다면 최근 이산화탄소 농도는 얼마나 증가했을까? 대기 중 이산화탄소 농도는 1975년 이후 25퍼센트 증가했다. 이 결과는 조금 일관성이 없는데, 대기 중 이산화탄소를 분리해 측정하는 게 매우 어렵기 때문이다. 하지만 예전 이산화탄소 농도를 기준으로 모의실험을 하려면 어쩔 수 없는 부분이다. 최신 품종이나 개량한 작물 품종, 비료 사용의 대량 증가, 최근 수십 년 동안 최신 설비의 실용화 등등 다양한 요인을 고려하면 일은 더 복잡해진다. 어렵긴 하지만 밀에 관해서는 다음과 같이 추정할 수 있다. 이산화탄소 농도가 대략 275피피엠에서 360피피엠으로 증가하면 밀 수확량은 19~48퍼센트까지 늘어날 것이다.[2] 사실 내 추정대로라면 조금 더 많을 수도 있는데, 나는 이산화탄소 농도가 293피피엠에서 385피피엠으로 증가하면 밀 수확량은 약 50퍼센트까지 늘어나리라고 생각한다.[3]

벼나 콩의 실외 실험은 아직 진행되지 않았다. 하지만 과학자들은 1960년대(즉 대기 중 이산화탄소 농도가 약 320피피엠 수준이었을 때) 밀, 벼, 콩의 수확량과 2014~2019년(대기 중 이산화탄소 농도가 약 410피피엠이었다)의 수확량을 비교하고 있다. 이 실험은 농부, 지역

(즉, 토양), 작물 관리 기술, 그 외 다른 요인은 고정한 상태로 시행했다. 과학자들은 작물의 성장과 수확량이 증가했으리라고 예상한다. 꽤 멋지지 않은가? 최근, 그리고 앞으로의 이산화탄소 농도 증가는 몇 가지 기본 곡물의 성장을 촉진하고 수확량을 늘릴 것이다.

잠깐, 알아야 할 게 또 있다. 최근(밀)이나 미래(밀, 콩, 벼)의 이산화탄소 농도 증가에 따른 작물 수확량이 각각 다르다는 점(전체 밀 품종에서 19~40퍼센트 사이로 증가)을 무시하면 안 된다. 이 같은 차이를 이용할 수는 없을까? 더 많은 이산화탄소를 더 많은 낱알로 바꾸는 품종을 선택할 수는 없는 걸까?

조심스럽게 덧붙이자면, 내 이런 바람에는 그럴 만한 이유가 있다. 현재 식량 불안정 즉, 당장 다음 끼니를 어떻게 해결해야 할지 모르는 사람들 수는 늘어나고 있다.[4] 2014년 이후 영양결핍을 겪는 세계 인구수가 늘기 시작했고, 2017년에는 8억 2,100만 명에 이를 것으로 추정했다. 코로나19가 전 세계적으로 대유행하면서 이 숫자는 당연히 늘었으리라 여기고 있으며, 2020년에 식량 불안정을 겪는 사람은 8억 4,500만 명이 되었으리라 짐작한다.[5]

그렇다면 이산화탄소 증가에 따른 각 작물 품종 반응은 얼마나 다를까? 현재까지는 필리핀 국제쌀연구소에서 실시한 벼 17종의 경작 비교 실험이 최대 규모다.[6] 실내에서 진행된 이 연구 결과를 눈여겨보자. 미래 대기 중 이산화탄소 농도가 약 650피피엠 수준이 되면 유전적 변이가 벼 수확량에 큰 영향을 미친다는 사실을 알 수 있다. 멋진 결과다.

또한 강낭콩, 동부(검은 점이 있는 흰콩), 땅콩, 벼, 콩, 밀 같은 주요 작물 품종 다수가 수확량이 크게 증가한다는 증거도 있다.[7] 앞으로는 농부들이 이산화탄소 농도 증가에 따른 반응성을 보고 작물을 선택할 수 있을 만큼 품종이 다양해졌다. 명확한 근거는 없지만, 대기 중 이산화탄소 증가로 작물 품종마다 어떤 차이를 보였는지 농부들은 이미 확인했을 것이다.[8]

말로는 쉽지만, 실제 과정은 좀 더 복잡하다. 갑자기 이산화탄소 농도가 두 배로 늘어나면 흥미로운 움직임을 보이지만, 결과는 불확실할 수 있다. 더 현실적인 환경에서 모의실험을 하려면 수많은 계절 동안 이산화탄소 농도가 서서히 높아지는 편이 더 낫다. 이런 상황에서 작물 품종이나 개체군을 평가하면 더 명확한 결과가 나오기 때문이다. 그러나 이 분야에서 장기 연구는 거의 찾아보기 힘들다. 현재로서는 어떤 작물 품종이 더 많은 이산화탄소를 더 많은 수확량으로 바꿀 수 있을지 확신할 수 없다. 슬픈 일이다.

늘 그렇듯, 주변을 살펴보면 가끔 흥미로운 예외를 발견할 수 있다. 작물이 아니라 '오리새'라는 풀인데, 학명은 닥틸리스 글로머라타Dactylis glomerata다. 전 세계에서 건초와 사료로 이용하는 풀로, 이산화탄소가 분출되는 탄산 분기구 주변에서 발견된다.[9] 과학자들은 이산화탄소 농도가 평균이거나 그 이상인 지역(탄산 분기구)에서 오리새 개체수를 측정한 결과, 오리새가 환경을 선택하는 주요 요인 중 하나가 평균 이상인 이산화탄소 농도라는 사실을 밝혀냈다.[10] 각기 다른 이산화탄소 환경에서 오리새 개체수를 검사했을 때, 고농도 이산화탄소 환경에 적응한 개체군은 평균 농도 환경에서 자라는 개체군보다 생물량(biomass)이 30퍼센트 더 많았다. 이 결과는 오리새가 시간 대비 증가한 이산화탄소를 성장에 활용하고 이 환경에 반응했다는 사실을 입증한다.

정리하자면, 앞으로 증가할 대기 중 이산화탄소에 작물 품종이 각자 다르게 반응하리라는 증거는 차고 넘친다. 그에 비해 이산화탄소 농도 변화에 관한 최근 자료는 현저히 부족하다. 그래도 농부들은 이런 차이점을 근거로 이산화탄소에 잘 적응하는 작물을 선택할 수 있다. 탄산 분기구 사례에서 볼 수 있듯이, 이산화탄소 증가는 농업에서 '수확량 증가'라는 결과를 가져오기 쉬우며, 그로 인해 식량안보를 강화할 수도 있을 것이다.

그런데 이 좋은 걸 왜 아무도 실천하지 않을까? 농부들이 이미 하고 있다고? 나는 농업 관련 기업가와 과학자에게 이 문제를 여러 번 언급해왔다. 그러나 그들 반응은 한결같았다. 거들먹거리는 미소를 짓고 내 머리를 쓰다듬으며(물론 실제로 내 머리를 쓰다듬은 건 아니다. 하지만 거들먹거리면서 웃었다는 건 정말이다) "벌써 준비하고 있다"라며 호기롭게 말했다. 내 쪽에서 "대기 중 이산화탄소 농도가 높아질 때 농부들이 더 많은 수확량을 낼 수 있는 작물 품종에 대한 체계적·장기적 실험 결과가 발표된 적은 없다"고 지적하면 "당연히 저절로 되고 있으니까 그렇지요"라는 대답만 돌아왔다. 더 자세히 말해 달라고 하면, "농부들은 항상 더 많은 수확량을 내는 품종을 선택하잖아요? 그러니 이산화탄소 농도가 높아지면 신품종 시험에 관련 요인이 포함되겠죠"라는 안이한 대답이 돌아왔다.

과학은 기본적으로 회의주의와 경이로움의 기묘한 혼합물이다. 어떤 면에서는 마술쇼를 보는 것 같다. 이번에는 내 회의주의가 자극받았고, 그렇게 나는 이 주장이 사실인지 알아보기로 했다. 어디서부터 시작해야 할까? 내 가설은 상당히 단순했다. 만약 농부들이 자기들도 모르는 사이, 사실상 이산화탄소 민감성에 따라 품종을 선택하고 있다면("하고 있는지 모르면서 이미 하고 있다"라는 뜻의 아주 멋진 라틴어 구절을 인용), 현재 이산화탄소 농도에 적응한 품종들은 이전에, 말하자면 20세기 초에 개발한 품종보다 상대적으로 더 높은 반응성을 보여야 한다. 현대 품종이 더 높은 민감성을 보인다면 시간이 흐르면서 나타난 우발적 선택의 결과일 것이다.

든든하고 영리한 동료인 미국 농무부 과학자 데이나 블루먼솔Dana Blumenthal과 함께, 나는 1920년대 귀리 품종과 1990년대 귀리 품종을 관찰하면서 이 가설을 검토했다. 이산화탄소에 초점을 맞춰 설명하자면, 대기 중 이산화탄소 농도가 약 300피피엠이던 시기(1920년대)의 귀리 품종과 약 360피피엠이던 시기(1990년대)의 귀리 품종을 비교했다. 두 시기를 비교해보면 대기 중 이산화탄소 농도는 전체적으로 약 20퍼센트 증가했다. 우리는 같은 지역, 같은 토양, 같은 물리적 환경에서 재배한 귀리를 비교했다. 귀리는 타가수분(서로 다른 유전자를 가진 두 식물 사이에서 수분이 일어나는 것—옮긴이)하지 않으므로(하더라도 비율이 아주 낮다), 첫 재배 이후 유전적인 성질이 변하지는 않았다.[11]

농부들이 이산화탄소에 가장 민감한 품종을 이미 선택하고 있을 지는 모르겠지만, 우리는 이와 같은 결과를 과학적으로 확인할 수 없었다. 사실 21세기 대기 중 이산화탄소 증가에 가장 상대적이고 다양한 반응을 보인 품종은 1920년대에 널리 판매된 귀리였다. 우리는 또 20세기 초와 말에 재배된 밀 품종을 똑같은 방법으로 연구했는데, 20세기 초에 판매한 밀 품종이 대기 중 이산화탄소 증가에 반응해 상대적으로 더 많은 수확량을 냈다는 사실을 발견했다.[12] 최근 일본 과학자들도 이와 같은 방식으로 1882년 이후 재배한 일본산 벼 품종의 이산화탄소 반응성을 실험했다. 그 결과 특정 품종이 이산화탄소에 더 격렬히 반응하지는 않는다는 사실을 발견했다.[13]

단지 논문 세 편으로 과학 법칙을 만들 수는 없는 노릇이다. 어쩌면 농부가 작물 품종을 관리할 때 식물 자체에서 수동 선택이 일어나 이산화탄소 반응성을 높였을지도 모른다. 하지만 20~21세기 초를 거치며 대기 중 이산화탄소 농도가 심각한 수준으로 높아지는 동안에도, 내가 글을 쓰고 있는 지금도, 농부들은 작물 신품종이 이산화탄소에 반응하는 성질이 극대화했다는 증거를 찾지 못하고 있다.

만약 이런 수동 선택이 정말로 일어난다면 극복해야 할 생물학적 장애물이 있다. 첫 번째 장애물은 루비스코rubisco다. 이는 세상에 가장 많이 존재하는 단백질이자 모든 식물에 들어있다. 대기 중 이산화탄소를 '고정'할 수 있어서 광합성에 꼭 필요한 1차 효소이기도 하다. 루비스코('나비스코Nabisco'와 운을 이룬다)는 '리불로스 비스포스페이트 카르복실레이즈 옥시게네이즈ribulose bisphosphate carboxylase oxygenase'의

줄임말(너무 길어서 미안하다)이다. 그런데 수동 선택으로는 세상에서 가장 중요한 이 단백질 효소의 농도를 바꾸기가 쉽지 않다. 지난 수백만 년 동안 유지되었던 이산화탄소 농도 때문에(전 세계 대기 중 이산화탄소 농도가 200~300피피엠이던 때) 루비스코 농도 또한 고정적이었는데, 유전자 변형으로 루비스코가 이산화탄소에 친화력을 보이도록 최적화하면 광합성을 최대 10퍼센트까지 끌어올릴 수 있다고 주장하는 과학자도 있다.[14]

두 번째 장애물은 식물을 재배하는 목적을 구분하는 것이다. 사람들이 식물을 가꿀 때 수확량 증가만을 기대하지는 않는다. 가령 당신이 메뚜기 피해를 적게 받는 품종을 개발하고 싶다고 하자. 그렇다면 수확량 자체보다 메뚜기의 식사를 방해하는 화학적 변화에 더 초점을 맞추지 않겠는가? 일단 원하는 품종을 찾았다면 그 품종이 영원히 그 상태를 유지하길 바라게 된다. 경작하는 처지라면 이후에도 쭉 그 품종을 재배하고 싶고, 힘들게 발견한 원래 특성을 잃고 싶지 않을 것이다. 한 예로 내가 만약 곰팡이병(일반 곰팡이)에 저항력이 있는 품종을 얻었다면 나는 그 품종을 그 모습 그대로 유지하고 싶을 것이다. 1980년에 해당 품종으로 특허를 받아 판매했다면, 2020년에도 같은 품종을 팔고 싶은 게 당연하다. 품종의 유전자가 바뀌면 돈을 벌지 못할 테니 내가 가진 품종이 유전적으로 변하지 않기를 바라게 된다.

중요한 요인이 하나 더 있다. 현재 인간은 식량을 대부분 단일재배한다. 당신이 맥도널드 감자튀김을 좋아한다고 해보자(나는 좋아한다). 그런데 맥도널드는 특정 감자 품종, 주로 러셋 감자(그중에서도 러셋 버뱅크 품종이 가장 인기 있다)만 사용한다.[15] 그러니 내가 감자를 경작하는 농부라면 당연히 러셋 품종을 재배할 것이다. 사실 현재 식품 생산 사업 모델은 거의 전부가 현존하는 유전자 풀에서도 극소수의 품종에 의존한다. 농업은 힘든 사업이다. 주요 기업이 사들이지 않을 신품종을 내가 원한다고 해서 재배할 수 있을까? 그럴 리는 없을 것이다.

우리는 식량 생산에서도 더 빠르고 더 균일하며, 더 값싼 조립 공정 모델을 당연하게 여긴다. 여기에는 사업상 타당한 이유가 있다. 이는 사업 모델로 작물 본질에 내재한 다양성을 반영하는 대신, 경제 조건을 충족하는 협소한 부분만 선택하기 때문이다. 이런 형태를 만족하는 것이 바로 러셋 품종이다.

그러나 작물 균일화를 목적으로 유전자 풀을 좁히면 이산화탄소 농도 증가(혹은 빠르게 변하는 다른 환경 변화)에 최적으로 반응하는 유전자 조합을 발견할 기회도 그만큼 줄어든다. 예를 들어 벼 품종은 수십만 종이 넘지만,[16] 미국에서 재배하는 벼 품종은 12종으로 한정된다. 능동 시험 없이 농부들이 이산화탄소에 가장 반응성이 높은 벼 품종을 우연히 선택할 가능성은 얼마나 될까? 조립 공정 모델을 활용해 식량을 생산하기 전인 100년 전에는 작물 다양성을 추구하는 게 정상이었고, 최소한 이론적으로는 이산화탄소 증가와 같은 환경 변화에 적응할 유전자 조합을 찾을 가능성이 더 컸다. 지금까지는 우리가 가진 자료가 이 시나리오를 뒷받침한다. 그러나 궁극적으로 내 사업의 대다수를 차지하는 품종을 한 줌 정도 쥐고 있다면, 그리고 그 품종의 특허가 사업에 도움이 된다면, 내가 변화를 바랄 이유가 있을까?

/ 선택과 집중, 그리고 도전 /

식량 불안정을 해결하려면 농업 생산성을 높여야 한다는 주장, 인정할 만하다. 그러나 지금까지 살펴봤듯이, 이산화탄소 농도가 높아지는 현상을 작물 수확량 증가에 활용하려는 시도는 거의 이루어지지 않았다. 솔직히 나는 이 사실에 놀랐다. 만약 토양의 질소 농도가 1975년 이후 전 세계적으로 25퍼센트 증가했다면, 이 현상을 활용해서 수확량을 늘릴 만한 작물 품종을 연구해야 맞지 않을까?

공정하게 말하자면 이산화탄소 반응성을 염두에 두고 품종을 선택하는 일은 어려울 수 있다. 이럴 때는 과한 연구의 방법론이 가장 확실하다. 그렇다면 어떻게 해야 사계절 동안 미래 대기 중 이산화탄소 농도를 실외 규모에 재현해서 모의실험할 수 있을까? 누구나 뒷마당에 탄산 분기구가 있어서 이산화탄소가 솟아오를 리도 없을 테니 말이다.

미국 에너지부(US Department of Energy, DOE)[17]는 1980년대부터 이 문제에 도전해서 방법론을 고민한 끝에, 스탠드 파이프를 원형으로 배치하고 원 중앙에 기체를 직접 분무하는 장치를 만들었다. 이

장치는 원래 이산화황(SO_2)의 영향력을 연구하려 고안한 것이다. 이산화황은 화력발전소에서 나오는 오염 물질로 산성비를 내리게 해서 숲에 부정적인 영향을 미친다.[18]

미국 에너지부는 이 장치가 이산화탄소 실험에도 유용하다는 사실을 깨닫고 기억하기 쉽게 '실외 이산화탄소 충전(Free-Air CO_2 Enrichment)'의 두문자어인 FACE라고 이름 붙였다. FACE를 야외에 설치하면 이산화탄소 농도가 높아지고, 밀, 벼, 콩 같은 작물에 일으키는 반응을 측정할 수 있다. 멋지지 않은가.

실험 비용이 저렴하지는 않다. 야외에서 자라는 식물에 더 많은 이산화탄소를 공급하려면 이산화탄소가 톤 단위로 필요하다. 이산화탄소 구름이 FACE의 중앙 부분에 확실하게 머무르게 하려면 장치, 모니터, 사람이 필요하다. 그래도 FACE 장치는 실제 환경에서 미래 대기 중 이산화탄소 농도가 미치는 영향을 모의실험할 수 있게 해준다. 더불어 이산화탄소 반응성에 따라 작물을 선별할 기회도 제공한다. 이렇게 FACE는 이산화탄소 연구의 표준 방법이 되었고, FACE를 이용하지 않고 대기 중 이산화탄소 증가가 작물에 미치는 영향을 연구하기란 쉽지 않다. FACE 없이 연구한 논문을 유명 학술지에 싣는 일은 거의 불가능에 가깝다.

그렇다 해도 인식은 바뀌기 마련이다. 바람이 불면 실외에서 평균보다 높은 이산화탄소 농도를 일정하게 유지하기 어려운데, 연구자들은 비용을 줄이기 위해 낮에만 이산화탄소 농도를 높였다. 하지만 이산화탄소 농도가 빠르게 변동하거나 밤에 식물이 이산화탄소에 노출되지 않으면, 고농도 이산화탄소가 수정에 미치는 영향은 줄어든다는 사실이 밝혀졌다.[19] 반대로 온실처럼 폐쇄된 공간은 이산화탄소 농도를 일정하게 유지하기 쉽지만, 현실적인 상황과는 괴리가 있다. 방법론적 관점으로 볼 때 작물 수백 품종의 이산화탄소 반응성을 평가할 대규모 실험은 그 자체로 쉽지 않은 셈이다.

이제 어떻게 해야 할까? 혹시 미래를 예측하기보다 과거를 돌아보는 건 어떨까? 이산화탄소가 이미 25퍼센트나 늘어났다는 사실을 잊지 말자. 이 같은 이산화탄소 증가가 야외 작물 수확량에 어떤 영향을 미쳤는지 살펴봐도 좋지 않을까? 이 연구는 생각보다 어려울 수 있다. 우리가 살펴본 대로 이산화탄소 반응성은 품종마다 다르고, 현대 사회가 재배하는 밀, 벼, 콩은 1960년대에 재배하던 품종과 차이가 있기 때문이다.

이런 악조건 속에서도 우리 연구팀은 수확을 얻었다. 우리가 같은 품종을, 같은 지역에서, 같은 농법(즉 같은 휴간거리를 지키고)으로 생산력검정을 반복해왔다면 믿겠는가? 그래서 그 결과를 1950년대와 1960년대 생산량과 비교할 수 있었다. 미국 농무부에 근무하는 또 한 명의 천재인 줄리 울프Julie Wolf와 나는 연구팀을 이끌고 앞서 말한 이 연구를 끝마쳤다. 메릴랜드주에서 1940년대부터 현재까지 계속 진행한 콩 생산력검정 결과를 분석했다. 해마다 나타나는 변동성까지 설명하기 위해 여러 해 동안 결과를 비교 분석했다.

지금까지 우리가 무엇을 발견했을지 궁금하겠지만, 연구는 아직 진행 중이다. 하지만 만약 최적의 이산화탄소 반응성을 보여주는 품종을 발견한다면, 연구의 다음 단계는 그 품종이 왜 최적의 반응성을 나타내는지 파헤치는 작업이 될 것이다. 개화와 관련 있을까? 잎 모양 때문일까? 광합성이 촉진되는 걸까? 새끼치기 때문인가? 이 사실을 농부들에게 전할 수 있을까? 대기 중 이산화탄소 증가가 2차 녹색혁명(농업기술 혁신으로 식량 증산을 유도하는 농업 정책—옮긴이)을 일으킬까? 현대 품종은 옛날 품종보다 이산화탄소 반응성이 높을까? 지금부터 집중하시라. 내가 알기로는 이것이 대기 중 이산화탄소 증가에 따른 작물 품종 반응성을 평가하는 최초 연구이다. 중요한 예외 사항이 하나 있기는 해도 지금까지 어느 연구팀도 해내지 못한 일이다.

/ 이산화탄소가 자라게 한 작물들 /

이산화탄소가 자원이고, 이 기체가 많으면 많을수록 식물이 더 크게 성장한다는 사실만 놓고 보면 대기 중 이산화탄소 증가 현상을 상업적으로 활용할 수 있다. 가령 각종 화훼를 가꾸는 온실에 이산화탄소를 더 많이 공급하면 더 많은 꽃을 재배할 수 있다. 그러나 캘리포니아 남부에 갔을 때, 나는 더 흥미로운 활용법을 발견했다.

약 10년 전에 나는 동료인 제임스 번스James Bunce(내 과학 멘토이기도 하다)와 함께 신생기업인 AG가스AG Gas사에 초대받았다. 우리는 벤투라 카운티에 있는 어느 딸기밭으로 갔다. 그 밭은 그림 7.1처럼 가지런히 줄을 그은 노트 모양이었다.

그림 7.1. 캘리포니아주 벤투라 카운티의 이산화탄소 훈증식 딸기밭. 저자가 직접
찍은 사진.

작은 초록색 열매는 딸기이고, 비닐 아래로 보이는 검은색 튜브가 이
산화탄소를 공급하는 경로다. 비닐 아래쪽으로 주입한 이산화탄소는
작물을 심어둔 구멍 자리로 올라와 딸기로 분사된다. 이산화탄소는
어디에서 가져오는 걸까? 정유회사가 석유를 채굴할 때 유전에 구멍
을 파면 가끔 가스가 뿜어져 나올 때가 있는데, 이 가스가 바로 오일
포켓에 쌓이는 엄청난 양의 이산화탄소다. AG가스사는 이 이산화탄

소를 배출하기보다 더 큰 딸기를 키우는 데 활용하기로 했다. 무려 정유회사가 낸 아이디어였다.

결과는 어땠을까? 제임스와 나는 AG가스사가 질문한 이산화탄소와 식물생물학의 관계에 대해 답하다가 회사의 실험재배장이 두 곳이라는 사실을 알았다. 한 곳은 그림 7.1에 있는 그 딸기밭으로, 이산화탄소를 추가로 공급하자 딸기 수확량이 두 배로 늘었다고 한다. 다른 곳은 바다와 가까워서 바람이 거센 지역이다. 이곳에서는 바람 때문에 이산화탄소가 충분히 머물지 못했다. 이 결과는 흥미로웠고, 작물 수확량을 늘리기 좋은 중요한 방법 하나를 알려줬다. 물론 이 시설도 설치 및 유지 비용이 만만치 않았다. 시간이 흐르면서 AG가스사의 생각도 바뀌었다. 이산화탄소를 공급하는 설비 비용을 추가로 들이려면 신선한 딸기처럼 판매가격이 비싼 작물을 키우는 게 더 유리하다는 결론을 내렸다.

대마초도 괜찮다. 지금 AG가스사가 키우는 또 다른 작물이 대마초다. 한때 딸기를 키웠던 비닐 온실은 이제 이산화탄소로 대마초의 성장을 촉진하고 있다. AG가스사의 홈페이지에 따르면 이산화탄소 농도를 높이면 대마초 수확량이 20퍼센트 이상 늘어났다. 꽃눈이 돋아나는 비율도 증가했고, 꽃의 품질 및 용수 효율도 높아졌다.[20]

그렇게 본다면 이산화탄소를 이용해서 마리화나를 재배하는 사업은 얼마나 특이한가. 구글에서 '이산화탄소'와 '마리화나'를 함께 검색해보자. 가장 위에 뜬 검색 결과가 아마 '이산화탄소로 마리화나를 더 크게 키우는 방법'일 것이다. 참으로 아이러니한 일이다. 이산화탄소로 수확량을 늘릴 수 있는 작물 중 하나를 소개하자면 마리화나 재배자는 전 세계 리더 격이다.

대마초를 키울 때 필요한 이산화탄소는 어떻게 구할까? 이에 관한 온라인 정보는 고등학교 과학 페스티벌 수준의 단순한 방법부터 정교한 압력 조절법까지 다양하고 풍부하다. 대마초가 자랄 때 이산화탄소를 공급하는 시기는? 이 또한 적절한 온도와 광도를 부각하는 방법까지 엄청난 정보를 얻을 수 있다. '이산화탄소 증가가 테트라히드로칸나비놀(THC) 농도에 어떤 영향을 미칠까?'를 궁금해하면 어떻게 될까? 관련 과학 연구 결과는 별로 없지만 이산화탄소를 평균 이상으로 공급하면 THC 농도가 높아진다는, 다소 출처가 불분명한 설명을 발견하게 될 것이다. 고농도 이산화탄소 환경에 가장 잘 반응하는 마리화나 품종은 무엇일까? 이산화탄소 증가에 특별히 잘 반응하는 품종이 비공식적으로 거론되기는 하지만, 명확한 과학적 증거를 얻기는 어렵다.

농업 산업계가 마리화나 재배자들에게 배울 부분이 있을지도 모르겠다. 수렵, 채집민이 더 나은 삶을 살게 해주는 특정 식물을 키운 계기로 농업이 시작되었다는 이야기도 있지 않던가. 역사는 반복되는 법이니 생각해보는 게 좋겠다.

만약 누군가 기분이 들뜨고 고양감에 취하는 데 이산화탄소 증가가 도움이 되었다면, '이산화탄소가 많아지면 좋겠다'라고 분류할 사람이 많아질 수밖에 없다. 물론 모두 그런 건 아니기에 '좋겠다'라고 판단하는 다른 측면을 더 검토할 필요가 있다.

우리가 익히 들어온 말라리아는 말라리아원충(plasmodium)에 감염된 암컷 아노펠레스anopheles 모기가 인간의 혈액에 이 기생충을 옮기면서 생기는 전염병이다. 말라리아는 매년 2억 명 이상이 감염되는, 전 세계적 재앙이다. 감염되면 2주 이내에 떨림, 오한, 열, 메스꺼움, 구토, 두통 등 다양한 증상을 겪는다. 말라리아로 거의 30초마다 어린이 하나가 죽어가고 있으며, 이 수치대로라면 매일 5세 이하 어린이 3,000여 명이 사망하는 꼴이다. 말라리아 환자 중 약 90퍼센트가 사하라사막 이남의 아프리카 지역에서 발생한다.[21]

한편 개똥쑥이라는 식물이 있다. 식물 마니아가 아니라면 이 작물을 알기는 어렵다. 개똥쑥(sweet Annie) 즉, 아르테미시아 아누아 Artemisia annua는 지저분한 길가나 휴경지, 정원 화단에 자라는 흔한 잡초다. 히치하이커, 자동차 타이어, 제설기 날에 짓밟히고 세상에 존재하는 온갖 종류의 제초제를 매일같이 뒤집어쓴다. 아무도 주목하지 않고 존중하지도 않아서 지나치기 쉬운, 그런 잡초다. 그러나 개똥쑥은 현재 세계에서 가장 강력한 항말라리아제의 주요 원료다.

개똥쑥 잎을 따서 손가락으로 비비면 매우 자극적이고 향기로운 냄새가 난다. 절대 맛보기를 권하지는 않는다. 굉장히 쓴맛이 난다. 그리스어로 아르테미시아artemisia, 압신티안absinthian은 '마실 수 없는'이라는 뜻이다. 개똥쑥에 속하는 식물 종을 증류수로 개발한 놀라운 역사(프랑스의 '압생트'로 '녹색 요정'이라는 뜻이다)가 있지만, 이 이야기는 다음을 기약하자.

모두 알다시피 식물은 기본적으로 화학구조로 이뤄졌다. 그리고 식물이 만들어내는 화학물질은 문명이 시작된 이래 언제나 주목받았다. 왜냐, 월그린Walgreen(미국의 소매 약국 기업—옮긴이)이 생기기 전에는 사람들이 식물을 약으로 사용했기 때문이다. 버드나무 껍질(아스피린의 원료)이나 양귀비 수액(모르핀)이 대표적이다. 아직도 많은 사람이 식물을 약으로 먹는다. 말라리아도 마찬가지여서, 사람들은 말라리아를 치료할 식물을 탐색했다.

1천 년 전 중국에서는 개똥쑥을 칭하오qinghao라고 불렀고, 이 식물이 가장 보편적인 말라리아 기생충인 열대열말라리아원충(plasmodium falciparum)을 죽인다는 사실을 알고 있었다. 어떻게 죽일까? 개똥쑥은 아르테미시닌artemisinin(그림 7.2)이라는 독특한 화합물을 만들어내는데, 과학자들은 아르테미시닌에 있는 특이한 과산화물 연결 부위가 기생충을 산화한다고 추측한다.[22]

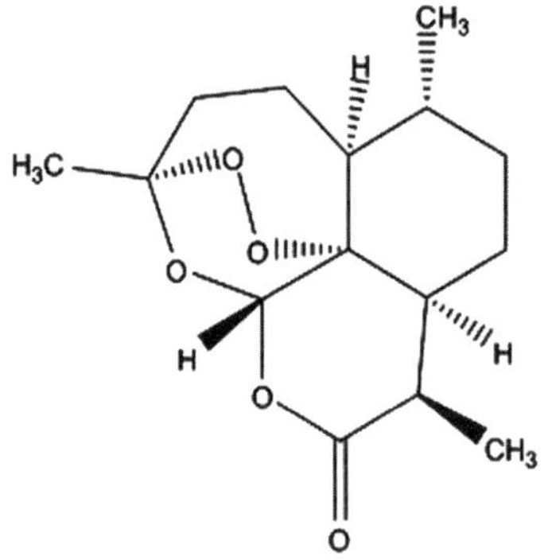

그림 7.2. 아르테미시닌, 말라리아 치료제인 식물 유래 화합물.

치료제의 효능은 어떨까? 완벽하지는 않다. 아르테미시닌은 기생충 대부분을 죽이지만, 기생충이 빠르게 다시 나타나는 '재발'을 가져오기도 한다. 해결책은 무엇일까? 아르테미시닌에 아모디아퀸amodiaquine, 메플로퀸mefloquine, 설파독신sulfadoxine, 루메판트린lumefantrine처럼 반응 속도가 느린 퀴닌 유래 약물을 복합 투여하는 것이다. 그러면 결합된 아르테미시닌 유도체가 남은 기생충을 처리한다. 이 치료법을 아르테미시닌 복합제 투여(ACT)라고 한다. 세계보건기구(WHO)는 열대열말라리아원충 1차 치료법으로 ACT를 권장한다.[23] 아르테미시닌에 내성을 가진 새로운 말라리아원충 균주가 등장하긴 했지만, 아직 아르테미시닌 유도체를 대체할 약물이 없기에 이 약효가 인정되는 분위기다.

그렇다면 대기 중에 증가한 이산화탄소는 그림 7.2 화학식 중 어느 부분에 끼어드는 걸까? 이산화탄소가 증가하면 식물의 성장을 촉진한다는 사실은 확실하지만, 식물화학에도 영향을 미칠까? 개똥쑥에 들어있는 아르테미시닌 농도에 변화를 가져올 수 있을까? 이제부터 함께 알아보자. 우리가 세운 가설은 이렇다. 20세기 동안 높아진 대기 중 이산화탄소 농도가 개똥쑥에 들어있는 아르테미시닌의 농도를 바꿨다. 오래전부터 개똥쑥의 의약적 효능을 알았던 중국으로 거슬러 가야 한다. 지난 100년 동안 중국 식물 표본집(식물 수집품의 고급스러운 이름이다) 다수에는 개똥쑥 압착 표본이 빠지지 않고 들어갔다. 이것은 매우 중요한 사실이다. 만약 우리나라에 100년간의 표본이 있다면, 이 표본은 20세기 동안 대기 중 이산화탄소 농도가 대략

25퍼센트 증가한 영향(296피피엠에서 370피피엠으로 증가)을 고스란히 반영하고 있다고 봐도 무방하다. 그리고 대기 중 이산화탄소 증가 현상은 대부분 1970년 이후에 나타났다.

중국과학원(Chinese Academy of Sciences)의 존경받는 과학자 춘우 주Chunwu Zhu는 이산화탄소와 아르테미시닌 가설을 최초로 제안한 인물이다. 그는 그림 7.3 지도에 표시된 중국 곳곳을 다니면서 식물 표본집에 있는 칭하오 잎 표본을 수집한, 그야말로 추진력 있는 동료이다.

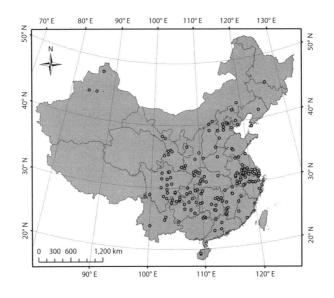

그림 7.3. 점으로 표시된 지역에서 칭하오(개똥쑥) 잎 표본을 포함한 식물 표본집이 발견되었다.

출처 | C. Zhu, Q. Zeng, A. McMichael, K. L. Ebi, K. Ni, A. S. Khan, J. Zhu, et al., "Historicaland Experimental Evidence for Enhanced Concentration of Artemesinin, a Global Anti-malarial Treatment, with Recent and Projected Increases in Atmospheric Carbon Dioxide," Climatic Change 132 (2015): 295.306.

춘우 주의 가설은 단순했다. 대기 중 늘어난 이산화탄소 농도가 칭하오 잎에 든 아르테미시닌 농도를 높인다면, 아르테미시닌 농도 증가 양상은 20세기 동안 관찰된 대기 중 이산화탄소 농도 증가 양상과 비슷하리라는 주장이다. 즉, 처음에는 더디게 증가하지만 1970년 이후부터 빠르게 증가해야 한다. 춘우 주의 연구 결과는 그림 7.4로 나타냈다.

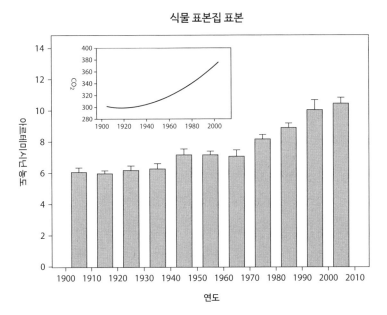

그림 7.4. 20세기 동안 이산화탄소 농도에 따라 칭하오(개똥쑥)에 든 항말라리아 화합물 아르테미시닌의 농도도 증가했다.

출처 | C. Zhu et al., "Historical and Experimental Evidence."

결과는 흥미롭다. 아르테미시닌 농도는 대기 중 이산화탄소 증가 양상을 따라간다. 하지만 이 패턴에 다른 요인이 숨어있지는 않을까? 더 많은 비료 혹은 다른 조건이 더 있을까? 이 부분은 확인하기 쉬웠다. 춘우 주는 실외 재배장에서 비료를 주면서 고농도 이산화탄소를 공급해 칭하오를 재배했다. 그런 변화에도 아르테미시닌 농도가 높아졌다는 사실이 확인되었다니 멋지지 않은가! 더 자세히 알고 싶다면 관련 논문을 참고하자. 해당 논문은 국제 학술지 〈기후변화(Climatic Change)〉에 발표된 바 있다.[24] 이 논문은 아르테미시닌에 일어난 화학적 변화가 최근 대기 중 이산화탄소 농도의 증가와 관련이 있다는 증거를 세계 최초로 제시했다. 같은 면적 땅에서 아르테미시닌을 더 많이 수확할 수 있다는 가능성 또한 도출했다. 말라리아를 억제하는 필수 의약품의 수확량을 증가할 수 있다는 소식이다.

지금까지 나는 대기 중 이산화탄소가 늘어나면 인간에게 이롭다는 증거를 제시하려 애썼다. 반가운 소식이다. 이산화탄소 증가는 수확량이 확보된 작물 품종을 고를 수 있게 도와주고, 마리화나 수확량을 늘린다. 식물에 들어있는 말라리아 치료제 화합물의 농도를 높일 가능성도 크다. 식물계는 광대하고 복잡하며, 이산화탄소의 역할은 여전히 연구 중임을 고려할 때 더 많은 사례를 가져올 정도로 확대될 것이다.

이번 글에서 짐작한 사람들도 있을지 모르겠다. 결국 이산화탄소의 '좋은 점'이란 인간의 관점으로 바라본 결과라는 사실이다. 그러나 대기 중 이산화탄소 농도가 전 세계적으로 증가한다면 자연, 나무나 관목, 풀 같은 다른 식물 종의 관점을 무시할 수는 없다. 모르는 척하는 태도는 태만에 가깝다. 이제 다른 식물의 관점에서 대기 중 이산화탄소 증가가 마냥 '좋을 수 없는 이유'에 대해 써보려 한다. 집중력을 잃지 마시길.

알려지지 않은 이야기,
위험한 이산화탄소

콘크리트 패드 위에 트랙터를 세운 뒤 엔진을 껐다. 트랙터에서 내려와 트랙터 차고 한쪽에 있는, 에어컨이 설치된 작업실에 들어가 도시락을 꺼내 먹고 낡고 헤진 소파에 벌러덩 누웠다. 물론 그 전에 라디오를 틀었다. 정오가 되기 1분 전이었다.

상근직 운전자 중 한 명인 프레드(나는 여름 동안만 고용되었다)가 들어와 라디오를 듣다가 "퍼블릭 어드레스 장치(야외에 설치하는 대형 오디오─옮긴이) 트는 걸 잊어버렸군"이라고 투덜거리면서 스위치를 켰다. 그러자 영화배우 폴 하비Paul Harvey의 묵직한 바리톤 음성이 방 안, 아니 방과 트랙터 차고 안 구석구석까지 울려 퍼졌다. 정오마다 이 일이 반복되었다. 농장 일꾼들은 모두 점심을 먹으면서 폴 하비의 방송을 들었다.

인터넷이 출현하기 전에는 라디오로 뉴스를 들었다. 우리는 모두 폴 하비가 전하는 '여기, 무대 뒤편' 코너에 숨을 죽였고, 그는 "이것은 알려지지 않은 이야기입니다"라고 마무리했다. 라디오 방송은 항상 흥미롭고 통찰력이 있었으며, 내가 평범한 다른 사람보다 더 많은 사실을 알고 있다고 느끼게 해줬다. 그래서 이제, 폴 하비의 멘트를 빌려서 "이산화탄소는 식물의 먹이다"에 관해 알려지지 않은 이야기를 해볼까 한다.

그렇다. 이산화탄소는 밀과 벼(그리고 마리화나)의 성장을 촉진하며, 개똥쑥이 세상에 유용한 항말라리아 약품인 아르테미시닌을 더 많이 생산하게 한다. 이는 분명 좋은 일이다. 하지만 작물과 농업 분야에 조금 더 깊이 들어가 봐야 한다. 지구에 존재하는 식물이 40만여 종에 이른다고 추정하지만, 경작되는 품종은 극소수다. 그중 옥수수, 벼, 밀이 식물 식품의 대부분(약 50퍼센트)을 차지한다. 세계인구 90퍼센트가량이 식물 25종만 먹는 셈이다.[1]

현재 약 80억 명에 이르는 세계인구는 농업과 그 수확량에 기대 살아간다. 이 작물의 높은 수확량을 위협하는 요인은 그게 무엇이라도 치명적일 수밖에 없다. 농업이 시작한 이후 수확량을 위협하는 주요 생물 요인은 세 가지로 요약할 수 있다. 해충(메뚜기, 진딧물), 병원체(세균, 곰팡이), 그리고 잡초다. 그중 가장 위협적인 것은 무엇일까? 만약 잡초라고 대답했다면 자신을 대견하게 여겨도 좋다. 모든 작물에는 평균 8~10종 정도 '골치 아픈 잡초'가 따라붙는다.[2]

잡초는 얼마나 해로울까? 엄청나게 해롭다. 생산량이 줄어들고 품질도 낮아지면서 전반적 손해는 두 배에 이른다. 잡초는 벼의 도정 품질을 떨어뜨리고 밀가루 균일도를 낮추지만, 가장 큰 문제는 맥주 양조를 방해하는 것이다. 사료용 작물에 속하는 건초 같은 잡초도 작물에 포함된 단백질 농도를 낮출 수 있으며, 그것이 곧 목장주의 경제수익 감소로 이어진다. 잡초가 자란다? 그러면 수확할 수 있는 작물은 당연히 줄어든다.

표 8.1. 잡초로 벼 수확량이 감소한 사례 전 세계 추정치

잡초	수확량 감소율(%)
적미	82
돌피	70
드렁새	36
아마존 드렁새	35
브로드리프 시그널그래스 (벼과 잡초)	32
세스바니아속 초본	19
큰닭의장풀	18
자귀풀	17
한련초	10

출처 | Roy J. Smith, "Weed Thresholds in Southern US Rice, Oryza sativa," Weed Technology 2, no. 3 (1988): 232.41.

그런데 이산화탄소가 식물 성장을 촉진한다? 그렇다면 잡초도 그만큼 잘 자라게 되는 것 아닌가? 이 점에 대해 잡초와 벼를 중심으로 더 자세히 살펴보자(표 8.1).[3] 참고로 벼는 세계에서 가장 중요한 작물 중 하나로, 인구 20억 명의 주요 식량이다. 벼에 가장 해로운 잡초는 무엇일까? 지금부터는 잡초방제를 하지 않는다고 가정한다.

위의 표 8.1을 살펴보면 벼에 가장 해로운 잡초는 그러니까, 벼다. 적미(잡초벼, 앵미, 샤레벼라고도 부른다ー옮긴이)는 쓸모없는 야생 벼로, 인간이 재배하는 벼와 속과 종이 같다. 잡초의 가장 큰 장점 중 하나가 바로 경쟁하는 작물과 닮았다는 것이다. 적미는 재배벼와 똑같이 생겨서 쉽게 섞여든다. 구별하기 어렵고 그만큼 통제도 어렵다.

전 세계 벼 경작지에서 자라는 최악의 잡초가 벼와 비슷하게 생겼으며, 결과적으로 골라내기 어렵다는 사실은 그리 놀라운 일이 아니다. 벼와 비슷한 잡초가 경작지에 숨어들어 벼와 함께 잎을 부대끼며 키득거린다고 상상해보라. 인간은 당연히 이 상황을 막아야 한다. 그것도 미연에 싹을 잘라야 한다. 잡초방제 방식은 나라마다 다르다. 화학 및 물리적으로 잡초를 제거하지 않으면 잡초 벼로 생길 피해가 막중하다. 그 내용을 표 8.2로 정리했다.

표 8.2. 잡초로 인한 6개국의 벼 수확량 감소

국가	수확량 감소율(%)
인도[a]	30-90
필리핀[b]	57-61
말레이시아[c]	10-42
베트남[d]	15-17
한국[e]	5-10
미국[f]	6

출처 | **a** S. K. Mukhopadhyay, "Current Scenario and Future Lines of Weed Management in Rice Crop with Particular References to India," in Proceedings of the 15th APWSS Conference (Tsukuba, Japan, 24.28 July 1995) (Asian-Pacific Weed Science Society, 1995), 17.27.
b P. K. Mukherjee, Anindya Sarkar, and Swapan Kumar Maity, "Critical Period of Crop-Weed Competition in Transplanted and Wet-Seeded Kharif Rice (Oryza sativa L.) Under Terai Conditions," Indian Journal of Weed Science 40, nos. 3 and 4 (2008): 147.52.
c Rezaul Karim, Azmi B. Man, and Ismail B. Sahid, "Weed Problems and Their Management in Rice Fields of Malaysia: An Overview," Weed Biology and Management 4, no. 4 (2004): 177.86.
d Duong Van Chin, "Biology and Management of Barnyardgrass, Red Sprangletop and Weedy Rice," Weed Biology and Management 1, no. 1 (2001): 37.41.
e Soon-Chul Kim and Woon-Goo Ha, "Direct Seeding and Weed Management in Korea," in Rice Is Life: Scientific Perspectives for the 21st Century. Proceedings of the World Rice Research Conference Held in Tokyo and Tsukuba, Japan, 4.7 November 2004, ed. K. Toriyama, K. L. Heong, and B. Hardy (Los Banos, Philippines, and Tsukuba, Japan: International Rice Research Institute and Japan International Research Center for Agricultural Sciences, 2005), 181.84.
f Alvaro Durand-Morat, Lawton Lanier Nalley, and Greg Thoma, "The Implications of Red Rice on Food Security," Global Food Security 18 (2018): 62.75.

<u>그림 8.1.</u> 적미나 잡초벼(밝은색)는 경작 작물인 재배벼(어두운 색)보다 대기 중 이산화탄소 증가 혜택을 더 많이 받는다. 그 결과 재배벼의 수확량 감소가 이어지고, 잡초벼가 경작물을 제치고 경쟁우위를 차지한다. 저자가 직접 찍은 사진.

그다음으로 생각할 문제는 대기 중 이산화탄소가 계속 늘어나면 최후 승자는 누가 될 것인가 하는 문제다. 잡초일까, 작물일까? 당신의 짐작대로(그림 8.1 참고)다. 이는 두 가지 다른 밀도, 세 가지 다른 이산화탄소 농도 조건에서 재배벼 품종의 종자 수확량 비율을 잡초나 적미와 비교해 그 상대성을 나타낸 것이다.[4] 종자 생산은 수확량에 매우 중요하지만, 이산화탄소 농도가 높아지면 재배벼에 비해 잡초벼의 종자 생산이 더 빨리 진행된다. 간단하게 말하면 대기 중 이산화탄소 농도가 300피피엠일 때(20세기 초에 해당한다) 재배벼 품종은

잡초벼보다 우월했지만, 이산화탄소 농도가 늘어나면 재배벼는 잡초벼에게 경쟁우위를 뺏긴다.

중요한 사실에 주목하라. 작물이 이산화탄소에 반응할 수 없는 게 아니다. 이산화탄소의 '좋은 점'에서 확인했듯 우리는 작물이 이산화탄소 증가에 반응한다는 사실을 안다. 그러나 잡초도 이산화탄소 증가에 반응할 수 있다. 그리고 대기 중 이산화탄소가 증가했을 때, 재배작물과 잡초를 함께 키우면 재배작물의 수확량이 대체로 줄어드는 걸 관찰할 수 있다.[5] 이 사실은 '이산화탄소는 식물의 먹이다'라는 원칙을 무효로 만들지는 않지만, 전후 사정을 더 깊이 이해하게 한다. 현실에는 잡초가 존재하기 때문이다.

작물과 잡초는 경쟁한다. 그리고 자원이 늘수록 잡초는 경쟁에 매우 빠르게 적응한다. 또 다른 식물 경쟁의 예시를 들어보겠다. 오래전, 멀고 먼 옥수수 농장에서(여기서는 〈스타워즈〉 주제가가 울려 퍼져야 할 것만 같다) 한 농부는 생각했다. 작물과 잡초가 자원을 두고 경쟁한다면 비료(자원)를 아주 넉넉하게 뿌려서 서로 경쟁할 필요가 없게 하자고 말이다. 잡초와 작물 모두에게 풍족한 비료를! 그래서 농부는 옥수수밭에 비료를 권장량보다 열 배 내지는 열두 배 이상 뿌린 뒤 잡초를 뽑지 않은 채 마음 편히 기다렸다. 가을이 되자 농부의 옥수수밭 수확량은 정말로 바뀌었다. 대신 옥수수는 없었다. 코끼리 눈 높이까지 높이 자란 건 잡초뿐이었다.[6]

왜 잡초가 자원 경쟁에서 승리할까? 식물은 자원을 두고 경쟁할 때 크기, 형태, 높이, 꽃 등과 같은 식물 다양성을 활용해 자원을 차지하려 한다. 완벽하고 이상적인 식물이란 없다. 그런 식물이 존재한다면 지구에는 단 한 종류의 식물만 남을 것이다. 즉, 지구상 대기에 이산화탄소가 빠르게 증가한다면 그 변화에 유용하게 적응하도록 돕는 요인도 다양성과 관련이 있을 것이다. 해당 종이나 종이 속한 군의 유전적 다양성이 클수록 형태, 크기, 유형 등을 선택해 경쟁에서 승리할 가능성이 커진다는 의미다. 인간도 마찬가지다. 유전적 다양성이 커질수록 환경과 벌이는 경쟁에서 이길 확률도 높아진다.

작물, 잡초, 빠르게 증가하고 있는 대기 중 이산화탄소의 관계는 먼저 두 가지 범주를 이해해야 한다. 하나는 의도적으로 유전자 풀을 제한적으로 설계한 재배작물(러셋 버뱅크 감자를 예로 들 수 있다)이고 다른 하나는 8~10종에 속하는 잡초이다. 후자는 유전적 다양성이 매우 높아서 크기, 형태, 성장 속도 등이 변화하는 환경에 빠르게 적응하도록 설계되어 있다.

/ 제초제, 뿌리고 기도할 뿐 /

잡초가 작물보다 이산화탄소 증가에 더 적극적으로 반응한다 해도 그게 무슨 상관인가? 이렇게 묻고 싶다면, 이는 좋은 지적이다. 농부들은 그저 잡초를 죽이는 화학물질인 제초제를 뿌리기만 하면 되니 말이다. 정말 그럴까?

이 말이 성사되려면 몇 가지 전제가 필요하다. 가장 명백한 전제는 이산화탄소가 인간이 살포하는 화학물질의 효과에 전혀 영향을 미치지 않아야 한다. 하지만 나는 이 전제를 반박할 몇 가지 확실한 과학적 근거를 댈 수 있다.

먼저 이산화탄소가 증가하면 식물 잎의 기공이 닫히고 식물은 잎의 두께, 크기, 형태를 바꿀 수 있다. 어쨌든 이산화탄소는 식물의 먹이이니 말이다. 이런 요인은 식물이 흡수하는 화학물질량에 영향을 준다.[7] 가령 제초제 중에는 광합성과 관련된 생화학 경로를 공격하는 제품도 있으니 이산화탄소로 광합성이 과하게 촉진되면 화학물질이 미치는 효과도 같이 커질 수 있다. 한편 잡초를 제거할 가장 좋은 시기는 잡초가 덜 자랐을 때다. 이산화탄소가 잡초 성장을 촉진하면 잡초를 제거할 최적의 시간이 줄어들 것으로 보인다. 만약 이산화탄소로 잎이 크게 자란다면 식물은 살포한 화학물질을 더 많이 흡수할 것이고, 결국 제초제의 효율은 높아지고 만다.

과학은 이 상황에 뭐라고 답할까? 내가 발견한 사실을 이제 설명하겠지만, 과학은 유동적이며 새로운 연구가 항상 진행된다는 사실을 염두에 두도록 하자. 지금까지로 본다면 이산화탄소 증가가 제초제 효율을 높인다는 과학적 연구 결과는 없다. 두어 편의 논문은 효과가 없다고 결론을 내렸고,[8] 다른 몇 편의 논문은 이산화탄소 증가가 잡초에 미치는 제초제의 효율을 감소시킨다고 주장했다.[9]

물론 이 결과는 내 안의 괴짜 과학자를 혼란스럽게 한다. 이런 마술 같은 속임수가 어떻게 가능하지? 생화학적으로? 잎이 변하나? 다른 무언가가 바뀌나? 그래서 나는 이렇게 가정했다. 이번에 내 계획은 특히나 성가신 잡초인 캐나다 엉겅퀴(Canada thistle)에 이산화탄소 증가가 이로운지를 관찰하는 것이었다. 궁금할까 봐 말해두는데, 캐나다 엉겅퀴는 캐나다에서 온 잡초가 아니라 실제로는 유럽 남동부와 소아시아에서 전파되었다. 독립전쟁 중에 존 버고인John Burgoyne 장군이 뉴 잉글랜드 식민지를 고립시키려는 영국군의 계획에 대항해 캐나다에서 버몬트를 공격했는데, 그 때문에 이런 이름이 붙었다. 버고인 장군은 미군인 존 스타크John Stark 장군과 조우했고, 영국군은 베닝턴 전투에서 패배했다(버몬트주는 8월 16일에 이 전투를 기념한다).

내가 전장으로 더 멀리 진격하기 전에(재미없는 농담이라 미안하다) 영국군의 침입이 가져온 결과를 설명하자면, 버몬트주 전역에 새로운 잡초가 대량으로 출현했다. 커다란 잎에 뾰족한 가시가 달린 엉겅퀴가 전염병처럼 빠르게 번식했다. 당연히 버몬트 주민들은 이를 영국군의 의도적인 술책이자 초창기 형태의 생물학적 전쟁이라 생각했다. 그리고 이 잡초에 '캐나다 엉겅퀴'라는 이름을 붙였다. 나는 그저 버고인 장군이 그의 말에게 건초를 먹이다가 딸려온 잡초가 아닐까 생각한다.

하지만 캐나다 엉겅퀴의 번식력은 너무도 왕성했다. 결국 1795년, 버몬트가 주로 승격된 직후 선포된 최초의 주법에 캐나다 엉겅퀴의 제초 의무 사항이 언급됐다. 시간이 흘러도 캐나다 엉겅퀴의 위협은 약해지지 않았고, 현재 북아메리카에서는 가장 파괴적인 침입종 중 하나로 여겨진다.[10]

다시 내 가정으로 돌아와서, 나는 캐나다 엉겅퀴와 콩을 비교 관찰하는 데 관심이 있었다. 캐나다 엉겅퀴는 침입종인 잡초고 콩은 그냥 단순한 콩이었다. 내 연구팀은 캐나다 엉겅퀴(Canada thistle)를 콩과 함께 심어서 3년간 연구했는데, 콩은 제초제에 반응성이 약했고 캐나다 엉겅퀴는 반응성이 높았다. 라운드업을 권장량만큼 뿌려도 이산화탄소 농도가 높으면 캐나다 엉겅퀴는 절대 죽지 않았다.

이유가 뭘까? 우리는 더 세밀하게 관찰했다. 두 가지 다른 이산화탄소 농도 환경에서 콩을 경작할 때 라운드업을 뿌리면 당장은 잡초인 캐나다 엉겅퀴가 죽은 듯 보인다. 그러나 이산화탄소 농도가 높은 환경일 때 며칠이 지나면 캐나다 엉겅퀴는 다시 살아났다. 기이할 정도의 생명력이었다. 그래서 조금 더 깊이, 말하자면 땅을 파헤쳐보기로 했다. 그리고 이산화탄소가 캐나다 엉겅퀴의 뿌리 부분을 흙 위로 뻗은 가지나 새싹 부분보다 더 빨리 성장시킨다는 사실(그림 8.2)을 발견했다.

이 사실로 어떤 차이를 설명할 수 있을까? 뿌리 대 싹의 비율이 커졌다는 건, 제초제(글리포세이트)의 활성 성분이 뿌리에서 희석되었다는 의미다. 뿌리가 살아남은 캐나다 엉겅퀴는 무성생식으로 새로운 싹을 틔웠고, 제초제는 결국 캐나다 엉겅퀴를 사멸하는 데 실패했다.[11] 혹시 이 기전이 이산화탄소 농도가 높아지면 화학적 잡초 제거 효율이 낮아지는 원인이 아닐까? 확실하지는 않다. 잡초는 다양하고 제초제가 작용하는 기전 역시 다양하다. 요점은 어디에나 적용되는 만능 해답은 없다는 것이다.

현재 이산화탄소 농도(380피피엠)　　　미래 이산화탄소 예측 농도(680피피엠)

그림 8.2. 캐나다 엉겅퀴에 글리포세이트(라운드업)를 권장량 살포하고, 대기 중 이산화탄소 농도가 다를 때 어떤 차이를 보이는지 관찰했다. 이산화탄소 농도가 높으면 글리포세이트는 엉겅퀴를 제거하지 못했다. 저자가 직접 찍은 사진.

이산화탄소 농도가 높은 환경에서 자라는 캐나다 엉겅퀴에 라운드업을 권장량보다 많이 뿌리거나 더 자주 뿌리면 이 잡초를 제거할 수 있었을까? 아마 그랬을 것이다. 그러나 그 결과는 또 다른 결과로 이어질 것이다. 그중 경제적인 결과는 라운드업을 뿌릴 때마다 농부들이 비용을 치러야 한다는 점이다. 건강이라는 측면도 생각해야 한다. 아직 법원 판결은 나오지 않았지만, 글리포세이트는 비호지킨림프종과 연관이 있을지도 모른다.[12]

또 다른 결과도 있다. 경제와 건강은 잠시 제쳐두더라도 진화 문제가 걸려있다. 화학물질을 더 많이 뿌릴수록 이 성분에 내성을 보이는 개체가 선택될 가능성이 커진다. 라이솔Lysol(미국에서 많이 사용하는 갈색 소독제 브랜드명 – 옮긴이)이 100퍼센트가 아니라 99.9퍼센트 살균력이라 광고하는 이유도 혹시 모를 가능성 때문이다.

1990년대 중반 학회에 갔을 때, 몬산토사 대표가 "절대로, 내 가슴에 손을 얹고 맹세하는데, 잡초가 글리포세이트에 내성을 나타내는 일은 절대 있을 수 없다. 정말이다"라고 한 말을 또렷이 기억한다. 글리포세이트는 90년대에 등장한 경이로운 제초제이자 그 시대의 페니실린이었다. 너무나 놀라운 물질이어서 현재 유전자 변형 콩(라운드업 레디)은 전 세계 시장 95퍼센트를 차지했으며, 미국과 전 세계 농무부는 통합 병충해방제와 대안적 잡초방제 교육을 중단했다. 그냥 글리포세이트를 뿌리기만 하면 다 해결이었기 때문이다.

오만과 무지의 대가는 컸다. 라운드업을 더 많이 뿌릴수록 잡초의 내성이 더 높아졌기에, 몬산토사는 '진화'라는 가격표를 받아들여야 했다. 1960년대에 페니실린을 처방했던 의사들도 당시에는 미래에 다가올 변화를 눈치채지 못했을 것이다. 그림 8.3은 지금 이 글을 쓰는 현재, 글리포세이트(라운드업)에 내성을 나타내는 잡초 수를 그래프화한 것이다.

당신이 키우는 작물이 즉각적인 위협에 놓였다면 미래에 이산화탄소 농도와 제초제 효율이 어떻게 변화하는지를 예상하는 이런 시나리오는 별로 중요하게 다가오지 않을 것이다. 아니, 그런 척해야 할지도 모른다.

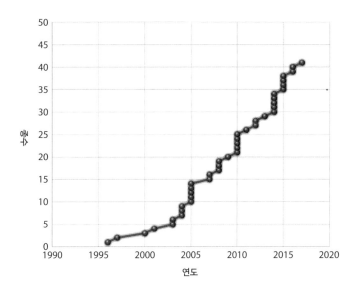

그림 8.3. 글리포세이트(라운드업)에 내성을 보이는 잡초 수를 시간 변화에 따라 표시한 그래프. 이언 히프Ian Heap 박사에게 허락을 구해 실었다.

한 가지 예를 살펴보자. 주요 벼 품종인 클리어필드Clearfield가 있다. 그리고 이 재배벼에 뿌리는 제초제인 이미다졸리논imidazolinone(나도 발음하기 힘드니까 그냥 제품 이름인 뉴패스Newpath로 기억하기로 하자)에 내성을 보이는 잡초벼가 있다. 만약 당신이 경작하는 논에 잡초벼인 적미가 우글거린다면 너무 걱정할 것 없다. 논에 뉴패스를 뿌리면 그만이다. 그러면 클리어필드 품종은 살아남고 잡초인 적미는 죽게 된다. 물론 클리어필드 품종의 내성 유전자가 적미에 전이되지 않는다는 전제는 필요하다. 전이가 이뤄지면 상황은 더 나빠질 것이다.

앞에서 우리 연구팀은 재배벼와 잡초벼를 함께 키울 때, 대기 중 이산화탄소 농도가 높아지면 일어나는 현상 즉, 잡초벼의 명백한 승리를 증명했다.[13] 그러나 이는 극히 일부분의 이야기다. 이산화탄소는 식물의 먹이고, 꽃을 피우는 시기를 포함해서 식물이 성장하는 속도를 바꿀 수도 있다. 이 사실이 잡초방제와 어떤 관련이 있고 왜 중요한지를 이해하려면 연구가 더 필요했다. 그렇게 나는 아칸소주 스텃가트시에 있는 데일 범퍼스 국립쌀연구센터(Dale Bumpers National Rice Research Center)의 또 다른 저명인사, 미국 농무부 과학자 데이비드 길리David Gealy와 협력 연구를 진행했다. 참고로 아칸소주는 미국에서 벼 생산량이 가장 많은 지역이다.

우리는 대기 중 이산화탄소 농도를 300, 400, 600피피엠으로 나누고 각각의 환경에서 클리어필드 품종을 잡초인 적미와 7 대 1의 비율로 함께 재배하는 장기 연구 프로젝트를 진행했다. 우리가 설정한 대기 중 이산화탄소 농도는 각각 20세기 초와 말, 그리고 21세기 중반이면 다다를 것으로 예측되는 농도다. 우리는 대기 중 이산화탄소 농도가 높아지면 재배벼와 잡초벼 사이에서 유전자 전이가 활발해지면서 잡초벼가 제초제에 내성이 더 강해지리라는 가설을 세웠다.

벼는 대개 자화수분 식물이라서 벌이나 나비 같은 제삼자에 수정을 의존하지 않는다. 그러나 극소수지만 타화수분하는 품종도 있다. 한 품종의 유전자가 꽃가루를 타고 다른 품종에 전이되는 식이다. 재배벼와 잡초벼인 적미가 같은 시기에 꽃을 피우지 않는다는 게 다행스러운 지점이다. 단, 대기 중 이산화탄소가 더 증가하지 않는다는 전제에서다. 대기 중 이산화탄소 농도가 높아지면 꽃이 피는 시기가 겹치게 된다. 그런 이유로 실제 타화수분 사례가 조금씩 발견되고 있다. 물론 그 비율은 여전히 낮지만, 대기 중 이산화탄소가 증가할수록 타화수분 비율도 두 배로 늘었다.[14]

연구 결과는 역대급 돌연변이 탄생이었다. 잡초인 적미를 제거하는 이미다졸리논 계열 제초제에 내성을 가진 잡초성 적미 품종이 새로 등장한 것이다. 정리하면 대기 중 이산화탄소가 많아질수록 상업 작물의 잡초 사촌들은 제초제에 더 높은 내성을 갖게 될 거라는 얘기다. 이들은 상업 작물 생산량에 가장 큰 피해를 주는 잡초로 자리매김할 것이다.

글리포세이트 사례에서 살펴봤듯이, 내성을 갖춘 잡초의 수는 빠르게 늘어나고 있다(그림 8.3). 만약 이산화탄소가 제초제에 민감한 잡초와 제초제에 내성이 있는 잡초에 각각 다른 영향을 미친다면 어떻게 될까? 더 깊이 연구해야겠지만, 사이할로프뷰틸cyhalofop-butyl 제초제로 제거할 수 있는 에키노클로아 콜로나Echinochloa colona 즉, '열대피'라는 잡초벼(벼와 비슷하게 생겼고 성장 속도도 비슷하다)를 연구한 논문이 하나 있다.[15] 다우Dow사는 이 제초제를 클린처Clincher라는 상품명으로 부른다. 여기서도 가설은 단순 명확하다. 대기 중 이산화탄소 농도가 증가할 때, 기온이 높은 미래 기후에서 더 영향을 받는 잡초 종은 어느 것일까? 제초제에 민감한 잡초일까, 아니면 제초제에 내성을 지닌 잡초일까?

다중 내성 및 민감성을 나타내는 열대피 생물형을 온도가 높고 대기 중 이산화탄소 농도가 높은 환경에서 자라게 했을 때 두 잡초벼를 비교해보자. 높은 온도, 대기 중 이산화탄소 농도 높음. 이때 내성을 지닌 열대피는 내성이 더 증가했지만 사이할로프뷰틸에 민감한 열대피는 그렇지 못했다.[16]

나는 적어도 대부분의 선진국에서 제초제가 사라지는 일은 없을 거라고 믿는 현실주의자다. 수백 제곱킬로미터 땅을 경작한다면 화학적 잡초방제는 여전히 경제적으로 가장 효율적인 방법이다. 그러나 대기 중 이산화탄소 농도가 높아지는 환경에 잡초와 작물이 각각 다르게 반응한다는 사실을 무시하는 것은 어리석은 짓이다.

/ 무시무시한 잡초의 탄생 /

나는 테다소나무 옆, 6미터 높이 공중에 떠 있다. 그리고 방금, 소나무 껍질을 휘감으며 자라 올라온 무성한 덩굴옻나무에 손을 찔릴 뻔했다. 이게 무슨 일이냐 하면, 가장 먼저는 듀크대학교 학장인 윌리엄 슐레진저William Schlesinger와 통화한 이야기로 되돌아가야 한다. 슐레진저는 미국 에너지부에서 수십억 원의 연구지원금을 받아 미국에서 가장 규모가 크고 장기간 진행되는 실외 이산화탄소 충전(FACE) 실험을 계획했다.[17] 연구자금은 무엇 때문에 지급되었을까? 두 가지 문제에 답을 찾기 위해서다. 대기 중 이산화탄소가 늘어나면 나무에는 이로울까? 테다소나무를 비롯한 평범한 숲은 세계 대기를 뒤덮은 이산화탄소를 충분히 흡수해 이산화탄소 농도를 안정 수치로 내릴 수 있을까?

이 마법의 숲에는 고리가 하나 있다. 나무 나이테를 말하는 게 아니라 지름이 30미터나 되는 진짜 금속 고리다. 고리를 따라 12미터 높이의 스탠드 파이프가 서 있는데, 이 스탠드 파이프는 세로로 세운 플루트처럼 구멍이 있어서 그곳으로 이산화탄소를 내뿜을 수 있다. 금속 고리 중앙으로 추가 이산화탄소를 내보내 소나무의 성장을 촉진하는 것이다. 금속 고리 주변에는 작은 기차선로가 깔려있고, 그 위를 달리는 기차가 실험을 진행하는 데 필요한 이산화탄소 6톤가량을 매일같이 실어 나른다.

이 과정 즉, 더 많은 이산화탄소가 소나무를 더 크게 키운다면 이는 '이산화탄소는 식물의 먹이다'라는 측면의 장점이 될 수 있지 않을까? 그럴지도 모른다. 그러나 여기에는 함정이, 그것도 아주 큰 함정이 있다. 추가로 뿌려지는 이산화탄소는 소나무 성장만 촉진하지 않기 때문이다. 더 많은 이산화탄소는 숲의 하층 식물 군락에 자라는 또 다른 식물을 훨씬 무럭무럭 자라게 했다.

일명 '이산화탄소에 더 적극적으로 반응하기' 대회의 승자는 재클린 모한Jacqueline Mohan(지금은 조지아대학교의 부교수인 또 한 명의 천재다)이 발견한… 두구 두구 두구, 바로 덩굴옻나무였다. 그리고 바로 이곳에 내가 들어간 것이다. 나는 독자적으로 이산화탄소에 대한 덩굴옻나무의 반응을 연구하고 있었는데, 내 연구는 실내에서 실험했다는 점이 달랐다. 실내 실험도 그런대로 괜찮았지만, 실외 즉, 현실

세계에서 이산화탄소 관련 실험이라니. 그야말로 환상이었다. 나는 전화로 멍청한 질문을 퍼부은 뒤 그날 즉시 주간고속도로 95번 위를 달렸다.

덩굴옻나무에 손을 찔리는 대신(다행히 방호복과 장갑이 있었다) 나는 표본을 챙겼다. 왜냐고? 우리가 개똥쑥을 연구했던 것과 같은 이유다. 만약 대기 중 이산화탄소 증가가 식물화학을 변화시킨다면, 발진을 일으키는 덩굴옻나무의 능력에는 어떤 변화가 있을까? 연구 결과 아주 큰 영향을 미치는 것으로 나타났다. 그런데 좋은 방향은 아니었다. 대기 중 이산화탄소 농도가 늘어나면 발진을 일으키는 덩굴옻나무의 기름 성분 즉, 우루시올urushiol의 독성도 강해진다. 결론은 이산화탄소는 덩굴옻나무를 월등히 번식시킬 뿐 아니라 발진을 일으키는 화학물질을 이전보다 치명적인 형태로 만들어 더 심각한 수준의 발진을 일으킬 수 있다.[18]

분명하게 말하겠다. 잡초는 농부의 경작지에서만 자라는 게 아니다. 농업과 전혀 관계없는 덩굴옻나무 같은 잡초는 매우 많이, 어디에나 있다. 가장 지독한 사례는 서식지에 침입해 매우 효율적이고 완벽하게 지배종이 된 돌연변이 잡초일지도 모르겠다. 이들은 새로운 서식지를 완전히 장악해서 생물다양성을 감소시킨다. 이런 잡초는 대개 해당 지역에서는 외래종이며, 최근 수년간 놀랍도록 번식했다. 너무 많아서 독립된 생물 범주인 침입성 잡초 혹은 외래 잡초로 분류되었을 뿐이다. 생산성 높은 방목지, 숲, 하천 영역 수천 제곱킬로미터에 침입성 잡초가 급속하게 번지면서 토종 식물이 사라지고 있다. 대체로 미국 서부 지역에 해당하는 81만 제곱킬로미터 영역은 자연 서식지다. 이곳은 이미 침입성 잡초에 잠식되었다고 예측한다.[19]

/ 이산화탄소 증가에 반응하는 잡초 /

이산화탄소는 어떻게 침입성 잡초의 생태를 바꾸는 걸까? 함께 잡초를 탐구해보자. 북아메리카에서 가장 잘 번식하는 침입성 잡초 중 하나인 털빕새귀리(브로무스 텍토럼Bromus tectorum)부터 시작하자. 털빕새귀리는 유라시아와 지중해 동부의 토종 식물로, 여러 차례에 걸쳐 북아메리카로 유입되었으리라 본다. 밀 종자에 섞여 들어왔다고 짐작하는데, 처음에는 서부 지역에 드문드문 출현했다. 월년생목초(가을에 파종하고 다음 해에 자라는 목초—옮긴이)이며 이어지는 우기에 빠르게 자라 씨앗을 뿌린다. 처음에는 눈에 띄지 않았던 털빕새귀리는 자라고, 자라고, 또 자라서 현재는 미국 토지 중 40만 4,686제곱킬로미터를 차지하게 되었다. 간단히 말하면 대략 캘리포니아주와 맞먹는 면적의 땅이 털빕새귀리 단일재배지가 된 것이다.[20]

상당히 인상적인 결과다. 대체 털빕새귀리는 어떻게 이런 성공을 거둘 수 있었을까? 영화 〈쥬라기 공원(Jurassic Park)〉에 나오는 제프 골드블룸의 말을 인용하자면, 생명은 방법을 찾아낸다. 털빕새귀리는 간단지만 효율적인 방법을 찾아냈다. 게다가 이 풀은 불을 좋아해 식물판 방화범이나 다름없다. 빠르게 성장하고 씨를 뿌린 뒤 죽은 털빕새귀리가 차곡차곡 쌓이면 모조리 미래 산불의 연료가 된다. 실제로 미국 산림청은 털빕새귀리를 '가솔린풀'이라고 부른다.[21] 일단 털빕새귀리가 주변에서 자라기 시작하면 화재 빈도와 강도도 치솟는다. 그리고 현실 결과로 이어진다.

알다시피 관목이 대부분인 미국 서부 관목지대(여기에는 산쑥, 피논, 향나무속이 포함된다)에 소규모 산불 정도는 일어날 수 있다. 이런 산불이 40~50년 간격으로 일어나기만 한다면 큰 문제가 안 된다. 그러나 털빕새귀리는 주변에 자라면 산불은 2년 주기로 일어날 수 있다. 그 결과 토종 관목은 사라지고 덤불부터 관목에 이르는 다채로운 풍경은 온통 털빕새귀리로만 가득 차게 된다(그림 8.4a). 이는 침입종이 광활한 한 지역에 영향을 미쳤을 때 식물 생태계가 얼마나 심각하게 변형되는지를 보여주는 전형적인 사례다. 산불을 진압하는 비용도 늘어나고 불이 난 방목지의 가치도 떨어지니 경제적으로도 큰 손해다.

아마 익숙해졌으리라 생각한다. 이제 가설을 세우는 일 즉, 가정해보는 일만 남았다. 털빕새귀리는 최근 이산화탄소 농도의 증가세에 어떻게 반응한 걸까? 산업화 이전 시대부터 현재까지 이산화탄소 농도 변화폭을 50피피엠 간격으로 설정해 실험해보자. 한발 더 나아가서 시에라 네바다 산맥의 다양한 해발고도(1,220미터/ 1,586미터/ 2,171미터)에서 수집한 털빕새귀리 개체군도 관찰해보려 한다.

각기 다른 고도, 각각 다른 개체군에서 얻은 자료는 같은 결론을 보여주었다. 각 개체군이 이산화탄소에 반응하는 정도는 조금씩 차

그림 8.4. 최근 대기 중 이산화탄소 농도가 증가하면서 털빕새귀리의 생물량과 가연성을 높였을 수 있다. (a) 외래 침입종인 털빕새귀리는 (b) 미국 서부 지역 산불 발화와 연관이 있다.

이를 보였지만, 관찰한 모든 털빕새귀리 개체군은 이산화탄소 농도에 영향을 받았다. 농도가 조금만 올라가도 생물량이 엄청나게 늘어난 것이다. 이는 산불 연료가 더 늘어남(그림 8.4b)을 뜻했다.

상황은 더 나빠질 것이다. 다른 식물처럼 이산화탄소가 털빕새귀리를 성장시키는지 확인할 자료가 충분하지 않은 가운데, 털빕새귀리의 화학 경로에 어떤 변화가 있는지도 확인해야 했다. 이 잡초의 화학 경로 변화가 중요한 이유는 몇 가지 더 있다. 첫째, 털빕새귀리는 초식 동물 노새사슴이 주로 먹는 식물인데, 성질이 변하면 소화율에 분명 영향을 줄 것이다. 둘째, 식물의 가연성과 반비례 관계에 있는 포타슘 농도에도 영향을 미친다. 이 두 가지 사항으로 봤을 때 이산화탄소 농도 증가는 두 가지 나쁜 결과를 초래할 수 있다. 노새사슴에게 털빕새귀리가 맛없는 먹이가 되고, 식물 속 포타슘 함량이 줄어드는 것이다. 이산화탄소 증가는 이 두 가지 결과를 모두 내고 있다.[22] 단지 이산화탄소가 식물의 먹이라는 이유로 말이다.

대기 중 이산화탄소 증가가 나쁜 상황을 더 악화하는 사례. 굳이 말할 필요도 없겠지만, 운 좋게도 이는 털빕새귀리만의 문제가 아니다. 노란별 엉겅퀴(수레국화속), 캐나다 엉겅퀴, 서양메꽃(field bindweed), 칡, 분홍 수레국화(spotted knapweed), 흰대극(leafy spurge), 방가지똥속(perennial sowthistle) 등 목록은 끝이 없다.

그럼 어떻게 해야 할까? 또다시 제초제를 살포해야 할까? 어림도 없는 말이다. 기억할지 모르겠지만 칡은 3만 2,375제곱킬로미터, 노란별 엉겅퀴는 8만 937제곱킬로미터, 털빕새귀리는 40만 4,686제곱 킬로미터에 이르는 면적을 차지하고 있다.[23] 수천수만 제곱킬로미터에 이르는 땅에 화학물질을 뿌리자고? 미국 서부 땅을 고엽제로 뒤덮는 일은 절대 하지 말아야 하며, 선택사항에도 넣어서는 안 된다.

그런데 잠깐, 지금까지 본 이산화탄소 자료는 개별 식물에 관한 데이터였다. 그렇다면 식물 군집에서는 어떤 일이 일어날까? 이산화탄소가 증가하면 침입성 잡초는 다른 식물 종을 능가하며 계속 선택받게 될까? 소나무 숲의 덩굴옻나무처럼, 침입종이 과연 승자가 될 수 있을까?

좋은 질문이지만 답하기는 쉽지 않다. 과학자들이 실외 이산화탄소 충전 실험(FACE)을 진행한 결과, 대기 중 이산화탄소가 증가해도 오직 습기 많은 엘리뇨 현상이 나타난 해에만 지배종이 달라졌다. 그 때는 털빕새귀리의 친척인 여우꼬리귀리(red brome)가 생태계를 지배했다.[24] 그러나 다른 생태계를 연구한 결과는 또 다른 현상(표 8.3)을 보였다. 자료가 더 필요할까? 자료는 항상 더 많이 필요하다. 그러나 지금까지 결과로 볼 때, 이산화탄소는 사실상 다양한 식물 군집에서 침입성 잡초를 선택할 수 있다.

이유가 뭘까? 정확한 건 알 수 없지만, 몇 가지 추측은 해볼 수 있다. 기본적으로 침입력이 가장 강한 종은 자원이 풍부한 환경에 살지만, 수많은 해충의 견제로 압박을 받는다. 만약 침입성 종이 해충이 없는 새로운 영역에 들어간다면 지배종이 될 수 있다. 이산화탄소 증가 즉, 필요한 자원이 늘어나는 현상은 이런 침입종에게 더 유리한

표 8.3. 대기 중 이산화탄소 증가가 식물 군집 속 침입종에 미치는 영향

종	군집	선호되는가?
체리로렐[a]	숲하층식생	네
달메이션 토드플랙스[b]	잡목 대초원	네
허니 메스키트[c]	텍사스 대초원	네
인동덩굴[d]	숲하층식생	네
노란별 엉겅퀴[e]	캘리포니아 초원	네

출처 | **a** Stephan Hattenschwiler and Christian Korner, "Does Elevated CO2 Facilitate Naturalization of the Non.indigenous Prunus laurocerasus in Swiss Temperate Forests?" Functional Ecology 17, no. 6 (2003): 778.85.

b Dana M. Blumenthal, Victor Resco, Jack A. Morgan, David G. Williams, Daniel R. LeCain, Erik M. Hardy, Elise Pendall, and Emma Bladyka, "Invasive Forb Benefits from Water Savings by Native Plants and Carbon Fertilization Under Elevated CO2 and Warming," New Phytologist 200, no. 4 (2013): 1156.65.

c H. Wayne Polley, Hyrum B. Johnson, Herman S. Mayeux, Charles R. Tischler, and Daniel A. Brown, "Carbon Dioxide Enrichment Improves Growth, Water Relations and Survival of Droughted Honey Mesquite (Prosopis glandulosa) Seedlings," Tree Physiology 16, no. 10 (1996): 817.23.

d R. Travis Belote, Jake F. Weltzin, and Richard J. Norby, "Response of an Understory Plant Community to Elevated [CO2] Depends on Differential Responses of Dominant Invasive Species and Is Mediated by Soil Water Availability," New Phytologist 161, no. 3 (2004): 827.35.

e Jeffrey S. Dukes, Nona R. Chiariello, Scott R. Loarie, and Christopher B. Field, "Strong Response of an Invasive Plant Species (Centaurea solstitialis L.) to Global Environmental Changes," Ecological Applications 21, no. 6 (2011): 1887.94.

조건이기 때문이다. 적군이 없는 환경이라면 더더욱 말이다.[25]

/ 합당한 미래를 상상하다 /

잡초는 작물 생산량에 경제적 손실을 일으키는 주범에 가까운 유해 요인이다.[26] 방목지나 숲 같은 다른 식물 체계에서도 마찬가지다.[27-28] 잡초는 생물다양성을 감소시키고 생태계 유용성에 부정적인 영향을 미치는 등 자연환경에도 영향을 준다고 알려졌다.[29-30]

간단하게 말하면 잡초는 숲에서 벼에 이르기까지, 원하는 식물 종을 재배하려는 인간의 모든 노력에 영향을 미친다. 밀, 벼, 콩 같은 개별 작물은 대기 중 이산화탄소 증가에 반응할 수 있지만, 잡초와 경쟁하며 자라면 소수를 제외한 나머지는 작물 생산량이 줄어들 것이다. 테다소나무는 이산화탄소 증가에 적응할 수 있지만, 덩굴옻나무와 경쟁하며 자란다고 하면 덩굴옻나무가 최후 승자가 된다.

앞서 나는 전체 식물 종 중에서 90~95퍼센트 종을 더 크게 성장시키는 이사화탄소의 역할을 고려할 때 나무, 관목, 풀 같은 식물의 반응이 "이산화탄소는 식물의 먹이다"라는 명제의 장점에 속할 수 없는 이유를 물었다. 그 답은 지금 설명한 대로다. 대기 중 이산화탄소 증가에 각각의 식물과 식물 군집 반응이 제각각이기 때문에 장점이라 볼 수 없다. 대기 중 이산화탄소가 늘어나면 식물 군집 속에서도 승자와 패자가 나뉜다. 지금까지는 덩굴옻나무와 털빕새귀리가 승자가 되었다.

그러나 이 승자의 범주에는 개별 식물 종뿐만 아니라 특정 군도 속할 수 있다. 예를 들어, 과학자들은 열대림(생물다양성이 번창하는 곳)

에서 덩굴 식물의 한 종류인 만경목(liana)이 나무보다 대기 중 이산 화탄소 증가에 더 잘 반응한다는 사실을 발견했다. 이는 덩굴 식물이 숲의 지배종이 된다면 숲의 고유 역할인 탄소 격리(대기 중 이산화탄소를 식물이 고정해서 저장하는 것—옮긴이)와 생물다양성 유지 능력에 근본적인 변화가 일어날 것임을 암시한다.[31]

이런 차이가 왜 생기는지 묻는다면 나무와 덩굴 식물의 성장 과정을 살펴보라. 나무는 느리지만 체계적으로 성장하며, 높이 자라면서 지지대(목질부)를 쌓아 올리고 햇빛을 먼저 받기 위해 경쟁 식물에 그늘을 드리운다. 반면 덩굴 식물은 식물계의 '악당'이다. 덩굴 식물은 나무 자체를 물리적인 지지대로 활용하니 목질부를 따로 만들 필요가 없다. 그만큼 빠르게 성장하며, 실질적으로 나무에 그늘을 드리운다. 그러니 이산화탄소 같은 자원이 풍부해지면 덩굴 식물은 이를 이용해서 더 많은 잎을 만들고 더 빨리 자랄 것이다. 나무는 무얼 하냐, 나무는 여전히 하부 구조물인 목질부를 만드는 데 시간을 쏟아야 한다.

지금 당장은 침입성 잡초나 덩굴 식물이 식물 군집에서 영원한 승자로 군림할지 어떨지 알 수 없다. 그러나 대기 중 이산화탄소가 증가하면서 승자와 패자가 명백해지면 다양성이 줄어들 것은 확실하다. 생물다양성 감소는 생태계의 기능 저하로 이어질 것이다. 다양성이 높은 생태계는 단일 생태계보다 더 많은 동물 종(즉, 곤충, 양서류, 포유류)을 품을 수 있다. 단지 그 이유로 이산화탄소가 식물 성장을 촉진해 자연에 놀라운 선물을 안겨줄 거라는 기대는 터무니없다. 식물과 자연이 기본적으로 이어졌다는 점을 고려할 때 대기 중 이산화탄소가 늘어나면 또 어떤 일이 벌어질까? 상상력을 더 펼쳐보자.

이산화탄소는 기후변화·식량난의 해결책이 될 수 없다

대기 중 이산화탄소 증가가 '유익한' 식물뿐 아니라 수많은 '해로운' 식물 즉, 잡초에도 이롭다는 증거가 충분했기를 바란다. 잡초는 이미 번성하고 있으며 앞으로도 번창할 것이고, 그 과정에서 작물과 생태계 모두에 점점 더 큰 해악을 미칠 것이다. 잡초는 그저 번성하기만 하는 게 아니라 통제하기도 어려워지고 있다. 최소한 화학적 통제라는 측면에서는 그렇다. 이 사실만으로도 "이산화탄소는 식물의 먹이다"라는 명제가 기후변화의 밝은 해결책이 될 수 없다는 토대를 마련해준다.

이제 몇 가지 전후 사정을 설명하려 한다. 이산화탄소가 식물에 미치는 효과가 단순하게 선과 악, 작물 대 잡초의 이분법적 구도를 넘어서는 이유를 말해야 하기 때문이다. 서문에서 설명했듯이 식물은 문명의 토대다. 식물은 음식과 약처럼 세속적인 것부터 음악과 예술

같은 미학, 독과 살충제 같은 위험한 것까지, 인간의 모든 부분과 얽히면서 번성하고, 스며들고 또 번영한다. 그러니 나와 함께 "이산화탄소는 식물의 먹이다"라는 명제를 더 깊이 탐구하면서 이 명제가 당신에게 무슨 의미일지 탐색해보자. 당신과 문명 혹은 인간이라는 존재와 자연 전체에 어떤 의미인지, 이제는 알아야 한다.

우리는 먼저 벼가 이산화탄소에 반응한다는 사실을 이해했다. 벼는 중요하다. 세계인구 절반가량의 주식이며, 34억 명에게는 전체 단백질 섭취량의 30퍼센트 이상을 공급하는 급원이기 때문이다.[1] 앞으로 몇 년간 전 세계적으로 벼를 잡초가 없는 환경에서 재배한다고 가정해보자. 가능한 일은 아니지만, 그렇다고 생각해보는 거다. 대기 중 이산화탄소가 증가하면 벼 수확량은 늘어날 것이다. 하지만 우리가 살펴봤듯이, 이산화탄소는 식물화학을 바꿀 능력이 있으므로 여기서 또 다른 가설, 또 다른 가정을 세우는 게 좋겠다.

이산화탄소가 벼의 품질, 벼의 영양 성분을 바꿀까? 여기서 잠깐, 잰 콘로이Jann Conroy에게 영광과 찬양을 보내고 싶다. 잰 콘로이는 오스트레일리아 식물생리학자로, 이미 1990년대 초에 밀, 벼, 그 외 곡물 수확 과정에 이 질문을 던진 바 있다.[2] 콘로이는 이산화탄소가 작물의 성장과 수확량을 촉진하면서 영양학적 품질을 떨어뜨린다는 사실을 발견했다. 더 구체적으로 말하면 대기 중 이산화탄소 농도가 높은 환경에서 자란 식물의 나뭇잎과 뿌리, 낟알의 질소 농도는 일관성 있게 낮아졌다. 고맙습니다, 콘로이.

다른 과학자들은 이 가정에 회의적이었다. 내 지도교수도 "아마

처음부터 토양 질소 농도가 낮았기 때문일 거야"라고 말했던 기억이 있다. 그런데 아니었다. 대기 중 이산화탄소 농도가 높으면 토양에 질소가 얼마나 있든 상관없이 식물 내 질소 농도는 줄어들었다. 나를 포함한 국제쌀연구소 과학자들은 콘로이의 실험을 벼에 재현했는데, 결과는 같았다. 더 많은 이산화탄소는 더 적은 질소로 나타난다.

그래서 어떻다는 거지? 질소가 줄어드는 게 무슨 상관일까? 이렇게 묻고 싶은 사람이 있을 것이다. 질소는 더 중요한 물질의 양, 바로 단백질 농도를 나타내는 대용물이다. 전 세계 많은 사람이 식물로 단백질을 섭취하며, 식물 단백질 시장은 계속 성장하고 있다. 비욘드 미트Beyond Meat 경영자에게 확인해보라. 그래서 이산화탄소가 늘어나면서 주요 곡물 특히, 밀, 벼, 옥수수의 단백질 함량이 줄어든다면 어떻게 되는지를 말이다.

중요한 사실은 또 있다. 항상 뭔가가 더 있기 마련이다. 대기 중 이산화탄소가 증가하면 식물의 무기물 구성이 바뀐다고 가정해보면 어떨까? 철(Fe)이나 아연(Zn) 같은 일부 무기물은 인간의 건강에 꼭 필요한 영양소다. 식물은 비헴철(non-haeme iron)의 공급원이며, 인간에게 필요한 철의 약 60~70퍼센트를 제공한다. 철은 동물의 생리 기능에서 핵심 역할을 하며, 중요한 예시로 적혈구가 산소를 운반하도록 돕는 과정을 들 수 있다. 철이 부족하면 사람들은 피곤하고 무기력해질 것이다. 또 정신적 기능장애가 일어날 수 있으며 면역 기능도 약화한다. 임신 중에도 철은 아주 중요하다.[3] 아연은 어떨까? 아연은 인간 몸의 모든 세포에 존재한다. 면역 기능을 적절하게 수행하는

데 꼭 필요하며, 세포 분열, 세포 성장, 상처 치유, 탄수화물대사에도 관여한다. 게다가 아연은 후각과 미각 기능에도 필수다. 임신 중이나 유아기, 아동기 때는 아연이 때마다 적절히 성장·변화하고 신체가 발달하도록 돕는다. 아연은 또 인슐린 작용도 강화한다.[4]

그렇다면 대기 중 이산화탄소가 늘어나면 철과 아연에 어떤 영향을 미칠까? 그림 9.1은 중국 및 일본 벼 품종 18종에 포함된 성분을 분석한 결과를 나타낸다. 벼에 들어있는 철과 아연 함량을 평가한 연구 중에서는 단연 최대 규모였다.[5] 그래프는 이산화탄소 대기 농도가 569피피엠일 때와 590피피엠일 때 각각의 벼가 어떻게 자랐는지 그 결과를 비교한다. 실험에서 설정한 이산화탄소 대기 농도는 이번 세기 전, 이번 세기말 농도를 기준으로 삼았다.

철과 아연 함유량이 유의미하게 증가하지는 않았으며, 오히려 많은 품종에서 감소하는 현상이 나타났다. 평균값도 전체적으로 줄어들었다. 단백질과 무기질은 감소하는데, 비타민은 어떨까? 벼의 비타민 함유량도 대기 중 이산화탄소 증가율에 영향을 받을까? 슬프게도 답은 '그렇다'이다. 이번 세기말에 도달하리라 예측되는 이산화탄소 농도에서 다양한 벼 품종에 들어있는 각종 비타민 특히, 비타민 B · B_2 · B_5 · B_9 함유량이 심각하게 줄어들었다. 물론 벼가 주요 비타민 공급원은 아니지만, 비타민 B군에 한해서는 주요 공급원이 맞다.

만약 모든 이의 주식이 벼는 아니냐고 묻는다면, 그렇다. 모두에게는 아니다. 하지만 약 6억 명이 매일 필요한 열량의 반 이상을 쌀로 섭취하고 있으며 이중에는 방글라데시, 인도네시아, 필리핀

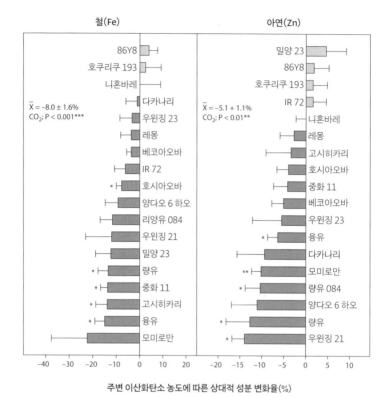

그림 9.1. 세기말 이산화탄소 농도의 증가 및 감소 추정치(표준편차 포함)에 따른 유전 상이 벼 품종(품종명은 표에 명시) 18종의 철과 아연 농도 변화. 중앙인 0에서 왼쪽이 나타내는 그래프는 이산화탄소가 유도하는 철 혹은 아연 감소 현상을, 중앙인 0에서 오른쪽이 나타내는 그래프는 철 혹은 아연의 증가 현상을 의미한다.

같은 빈곤한 국가가 포함된다. 쌀은 빈곤층의 주식이기도 하므로 가장 큰 타격을 받는 계층은 결국 그들이 될 것이다.[6] 그래도 쌀을 많이 먹지 않는 서양인들에게는 별 영향이 없을 것이다. 그렇게 생각하는가? 아니다. 그건 틀린 생각이다. 이산화탄소가 유도하는 단백질, 철, 아연 함유량 감소는 밀과 감자 같은 주요 작물에도 적용된다.

함께 연구할 수 있어 영광이었던, 매력 넘치고 영리한 학자, 이라클리 로라지Irakli Loladze와[7] 무려 하버드대학교 소속 새뮤얼 마이어스Samuel Myers의[8] 획기적인 분석에 여러 저명 과학자의 의견[9]을 보태자면, 대기 중 이산화탄소 증가는 식물을 기반으로 하는 영양에 부정적인 영향을 미치는 것으로 밝혀졌다. 그들의 데이터는 그 위험 수위가 얼마나 광범위한지를 입증하는 놀라운 과학적 진전이었다. 미국에서는 쌀이 폭넓게 소비되지 않지만, 대신 미국인 대부분은 밀로 만든 빵을 일주일에 450그램가량 먹는다.

대기 중 이산화탄소 증가가 밀과 벼의 단백질 함량을 줄이고 있지만 좋은 점도 있다. 이산화탄소가 대기 중에 늘어나도 단백질 함량이 감소하지 않는 식물도 있기 때문이다. 바로 콩과작물이다. 콩이나 땅콩 같은 식물은 질소를 직접 고정할 수 있기에 이산화탄소가 단백질 함량에 큰 영향을 미치지 않는다.[10] 이는 분명 좋은 소식이지만, 사람들이 밀과 벼 대신 비행 중 간식으로 더 어울리는 콩과 땅콩을 주식으로 택할 것 같지는 않다.

이와 같은 발견은 좀 허망하고 현실과 동떨어져 보인다. 이산화탄소가 정말 작물의 영양학적 품질을 떨어뜨린다면, 왜 아무도 이에 대해 말하지 않을까? 정말 실수인 걸까? 조금만 더 깊이 파헤쳐보자. 내가 좋아하는 영화 중에 칼 세이건Carl Sagan의 책을 바탕으로 만든 〈콘택트Contact〉라는 작품이 있다. 칼 세이건은 작고한 코넬대학교 천문학자이자 내 영웅이며, 그의 저서들은 내가 과학자의 길을 걷도록 영감을 주었다. 여담이지만, 세이건에게 편지를 보내고 답장을 받은 적도 있다.

어쨌든 외계인과 인류의 첫 만남을 상상한 이 영화에서, 조디 포스터Jodie Foster는 주인공인 엘리 애로웨이 박사를 연기했다. 세티SETI(외계의 지적생명체를 찾는 프로젝트) 과학자인 엘리는 평생 외계인의 '메시지'를 기다려왔다. 기다리고, 또 기다리다… 수많은 시간이 흐른 뒤 마침내 그는 자신의 꿈이자 희망을 채워줄 신호를 발견한다. 엘리는 "만세!" 혹은 "와아!"라고 외치지 않았다. 대신 연구팀을 향해 돌아서서 진지하게 말한다. "내가 틀렸다고 반박할 사람?"

이상하게 보일 수도 있다. 수년 동안 한 사건을 기다렸고 마침내 그 바람이 실현되었는데, 틀렸는지 반박하라고 한다. 그러나 엘리의 반응은 세이건이 명확하게 밝혔듯이, 과학의 놀라운 핵심을 반영하고 있다. 과학은 당신의 믿음이나 편견을 확신하려는 도구가 아니다. 내 편견을 확증할 만한 결과를 얻었을 때 곧장 대안을 찾아봐야 한다. 이 태도를 다른 문제에도 적용해 설명할 수 있지 않을까?

그러니 이산화탄소가 작물과 영양, 그리고 기후변화를 대처한다는 가설을 살펴보자. '이산화탄소가 영양 성분 함량을 줄인다'라는 가설이 틀렸다는 점을 입증해보는 것이다. 이런 일이 누군가에게는 전혀 중요하지 않다는 사실을 나도 안다. 그런 사람들은 과학자가 이런 일을 하는 게 오로지 돈 때문이라고 생각한다. 일부 과학자는 정말 그럴 수도 있지만, 내 경험상 그런 과학자는 많지 않다. 과학자들은 그저 자신을 둘러싼 세계가 어떻게 움직이는지 궁금할 뿐이다. 나로 말할 것 같으면 어떤 현상이 일어났을 때 그 과정을 발견하고 표면 뒤에 감춰진 마법을 찾아내는 게 좋다. 또한 내가 논문을 발표했을 때 다른 과학자들이 주저하지 않고 내가 어떤 편견을 반영해 가설을 세웠는지 검토해주리라는 사실을 안다. 내가 다른 과학자들의 편견을 지적할 때 망설이지 않듯이 말이다. 이는 쌍방향 교류다.

다시 본론으로 돌아가서, 농업과학에서 작물 육종학자는 인간이 소비하는 모든 식물 종의 수확량을 향상하고자 열심히 노력해왔다. 내가 알기로 사과부터 호박까지, 우리가 가게에서 사는 다양한 작물 품종 중에서 자연 상태 그대로인 것은 거의 없다. 이들은 가능한 한 좁은 공간에서 최대 수확량을 얻도록 만들어지고, 변형되고, 조작되었다. 유전자 변형 식품은 먹지 않는다고 말하는 사람은 어느 정도 거짓이 섞여있는 셈이다.

그러나 이 같은 품종 개량과 선택에는 대가가 따른다. 20세기에 이루어진 전통 작물의 품종 개량으로 일부 무기질 함량은 평균 5~40퍼센트까지 감소했고, 비타민과 단백질 함량도 낮아졌다는 연구 결과가 있다.[11] 실제로 브로콜리나 곡물을 재배할 때, 수확량이 적은 품종과 많은 품종을 나란히 심으면 수확량 대 무기질·단백질 함량이 일관성 있게 반비례한다는 사실을 발견할 수 있다. 유전자 희석 효과(genetic dilution effect) 때문이다.

영양분이 감소한 작물에는 타임 스탬프(편지나 문서의 발송 및 접수 시간을 기록하는 것—옮긴이)가 찍힌다. 현재 나타나는 영양분 감소는 아마 수확량 증대와 관련 있을 것이다. 그러나 대기 중 이산화탄소가 1970년대 이후 25퍼센트나 증가했다는 점을 기억하자. 이미 대기 중 이산화탄소 농도가 이전보다 더 높아진 이 시점에 같은 작물 품종으로 실험한다면 이산화탄소에 상대적으로 덜 민감하다는 결론이 나와야 맞다. 그런 가설을 토대로 과학자들은 1950년대와 1960년대 품종을 현재 대기 중 이산화탄소 농도 기준에 맞춰 실험했다. 그림 9.2는 이미 대기 중 이산화탄소 변화가 일어난 상태에서 벼의 단백질 함유량이 어떻게 변했는지를 예비 실험한 결과이다.

다시 강조하는데, 단백질 함량이 급격하게 낮아진 점에 주목하라. 각각의 벼 품종은 매일 비료를 주었으므로 이 같은 감소 현상은 영양 상태가 문제가 아니라 이산화탄소가 원인으로 보인다. 또한 단백질 감소 현상은 수확량이 적거나 많은 벼 품종 모두에서 나타났다.

대기 중 이산화탄소가 급격히 증가하면서 작물의 영양 성분이 변화했다는 주장에는 더 많은 연구가 필요하다. 하지만 이를 입증하는 과정이 쉽지는 않다. 방법론적으로 봤을 때 대기 중 이산화탄소를 제거해 데이터를 얻기가 매우 어렵기 때문이다. 이 연구를 할 때 우리는 대기 중 이산화탄소 농도를 조절할 수 있도록 특별 제작한 식물 배양기에 벼를 심었다.

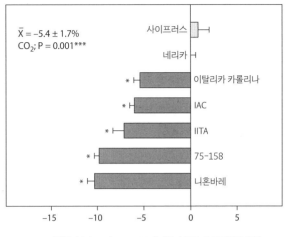

조단백질 함량

$\bar{X} = -5.4 \pm 1.7\%$
CO_2; P = 0.001***

사이프러스

네리카

이탈리카 카롤리나

IAC

IITA

75-158

니혼바레

이산화탄소 농도가 300~400피피엠 수준일 때 조단백질 함량

그림 9.2. 20세기 대기 중 이산화탄소 농도 변화에 따른 벼 7개 품종의 조단백질 함량 변화. 7개 품종 중 5개 품종에서 심각한 조단백질 감소 현상이 나타났다. 저자의 미발표 자료.

작물이 아닌 식물로 다른 실험을 해보자. 인간은 수천 년 동안 벼와 밀 같은 작물을 조작해왔다. 어쩌면 벼의 영양 성분과 품질이 떨어지는 것은 품종 개량에서 파생된 결과일지도 모른다. 그렇다면 영양 성분 및 품질 하락이 개량하지 않은 토종 식물에도 나타날까? 인간이 여러 세대에 걸쳐 선택하거나 품종을 개량하지 않은 식물을 분석해보면 어떨까? 미역취(goldenrod)가 적당하지 않을까?

그림 9.3. 양미역취(솔리다고 카나덴시스 *Solidago canadensis*)

양미역취(그림 9.3)는 가을에 밝은 노란색 꽃을 피우는 다년생 식물로, 겨울이 다가오고 있음을 알리는 역할을 한다. 양미역취는 인간에게 선택된 적도, 품종 개량된 적도, 유전자가 조작된 적도 없다. 길가에 자라는 흔한 잡초이기 때문이다. 덧붙이자면 이 풀은 오랫동안 가을철 알레르기의 원인으로 지목됐지만, 사실 근거 없는 소문이다. 고초열을 유발하는 돼지풀과 우연히 꽃이 피는 시기가 같았을 뿐이다.

이번에는 양미역취를 두고 또 다른 가설을 세워보자. 최근 대기 중 이산화탄소가 증가하면서 양미역취 꽃가루에 든 단백질 함량이 감소했을까?

이는 실험으로 증명하기 어렵다. 이미 설명했듯이 대기 중 이산화탄소 농도를 높이기는 쉬워도 완전히 제거하기는 너무 어렵기 때문이다. 그러니 다른 방법을 시도해보자. 우선 스미소니언 국립자연사박물관으로 가보자. 이 박물관은 워싱턴 DC를 방문하는 사람들이 반드시 들르는 곳으로 거대한 매머드와 경이로운 고래, 호프 다이아몬드를 볼 수 있다. 그러나 관람객이 오지 않는 박물관 뒤편, 계약의 궤 옆에는(내 재미없는 농담이다. 영화 〈인디애나 존스〉를 너무 좋아해서 그렇다) 1840년대, 1880년대, 1920년대 등 여러 시기에 채취한 미역취 표본으로 가득한 회색 금속 캐비닛이 있다.

미역취 표본이 왜 중요할까? 이 표본들은 산업혁명 시기, 대기 중 이산화탄소 농도가 높아진 현상을 반영하고 있다. 만약 대기 중 이산화탄소 농도가 높아지면서 식물의 영양 성분 함량이 낮아졌다면 미역취에 든 단백질 함량도 그랬을 것이다. 1975년 이후 대기 중 이산화탄소가 25퍼센트나 증가했으니 말이다. 우리는 스미소니언 표본에서 질소 대용물을 측정한 결과, 실제로 단백질 함량이 낮아졌다는 사실을 확인했다. 단백질 함량은 19세기 중반부터 현재까지 약 30퍼센트 감소했다.[12] 앞으로 이산화탄소는 계속 증가할 텐데, 결과는 또 어떻게 될까?

여기서 우리는 텍사스주 템플에 있는 뛰어난 미국 농무부 과학자

웨인 폴리Wayne Polley를 주목해야 한다. 폴리 연구팀은 코네스토거 마차(폭이 넓고 포장이 씌워진 마차로 미국 서부 이주 때 사용했다—옮긴이) 계획을 세웠다. 이름은 괴상하지만 아주 영리한 발상이다. 텍사스주 평원에 한 줄로 길게 늘어선 투명 비닐 온실(코네스토거 마차)을 떠올려보자(그림 9.4). 각각의 투명 비닐 온실은 작은 통로로 다음 온실과 연결된다. 한쪽 끝 온실은 미래를 대변한다. 즉, 높은 농도의 이산화탄소를 주입한다. 그러면 앞쪽 온실로 이산화탄소가 서서히 확산하는데, 앞쪽으로 이동하는 동안 이산화탄소는 식물의 광합성 작용에 활용되어 사라진다. 왜냐? 이산화탄소는 식물의 먹이니까. 기체가 맨 앞쪽 온실에 도달할 때쯤이면 대기 중 이산화탄소 농도는 150년 전 농도와 같아진다.

이 실험 방식으로 이뤄낸 이산화탄소 농도 증감률은 과거와 미래 대기의 이산화탄소 농도 수준과 매우 유사하다. 그리고 미역취가 계속 자랄 수 있는 수준의 농도다. 스미소니언 박물관에 있는 표본과 단백질의 절댓값은 달라도 결론이 같은 이유다. 최근, 그리고 미래의 대기 수준으로 이산화탄소 농도가 증가하면 미역취의 단백질 함량은 줄어든다.[13] 즉 영양 성분 함량의 변화는 품종 개량 탓일 수도 있지만, 지금까지 결과로는 이산화탄소 영향을 무시할 수 없다.

미역취는 식용 식물도 아닌데, 도대체 미역취 따위가 무슨 상관이람. 미역취는 꽃이 예쁘긴 하지만 그래봤자 잡초 꽃가루에 든 단백질 아닌가? 그게 적어진다고 무슨 큰일이라도 일어날까? 그런데도 우리가 연구 대상으로 미역취의 꽃가루를 선택한 이유는 무엇 때문일

그림 9.4. 텍사스주 와코에 있는 웨인 폴리의 '코네스토거 마차'. 한쪽 끝은 미래 예측 수치인 대기 중 이산화탄소 농도로 맞춰있고, 다른 끝은 과거 이산화탄소 농도로 맞춰진다. 사진은 웨인 폴리가 찍었다.

까? 만약 대기 중 이산화탄소 증가가 정말로 인간의 영양 문제에 영향을 미친다면, 먹이사슬에 얽힌 다른 종의 영양 상태에도 분명 영향을 미칠 거라 판단했다. 그리고 이 먹이사슬에서 가장 중요한 종이 바로 꽃가루 매개자다.

꽃가루 매개자 중에서 우리에게 가장 익숙한 것은 벌, 그중에서도 아피스속(Apis)인 꿀벌이다. 꿀벌은 현대 농업에서 중요한 생명체다. 벌이 없다면 인간의 음식은 온통 지루한 곡물 색깔로 가득할 것이다. 다행히 벌이 있어서 사람들의 식탁에는 무지갯빛 과일과 채소가 올라온다.

만약 이산화탄소가 꽃가루 속 단백질 함량을 낮추고 있다면, 우려할 만한 이유는 분명하다. 여기서 약간 배경지식이 필요한데, 벌은 꽃꿀을 먹는다. 꽃꿀은 벌들의 주요 탄수화물 공급원이며 벌들은 꿀의 위치를 파악하고 확인하는 데 뛰어난 능력을 지녔다. 벌들이 '8'자를 그리며 춤을 추는 행위는 "이봐, 세븐일레븐에서 왼쪽으로 꺾은 뒤 9미터 날아가면 커다란 해바라기가 있어"와 같은 정보 교환이다. 벌들의 또 다른 먹이는 꽃가루다. 꽃꿀이 탄수화물 공급원이라면 꽃가루는 단백질 공급원이며, 단백질은 벌들의 건강에 매우 중요한 요소다. 특히 가을에는 꽃가루가 더 중요해지는데, 벌들과 여왕벌이 겨울을 나려면 꽃가루를 넉넉히 저장해야 하기 때문이다.

안타깝게도 벌들이 꽃가루를 식별하는 능력은 그다지 뛰어나지 않다. 한 양봉업자는 가까운 공사장에 꽃가루와 크기나 형태가 비슷한 콘크리트 조각들이 널려있는데, 벌들이 그 콘크리트 조각을 벌집으로 가져온다고 했다. 이는 그리 좋은 소식이 아니다. 여러 논문에서도 밝혔듯 벌이 꽃가루 위치를 발견했을 때는 꿀을 발견했을 때처럼 '8'자 춤을 추지 않는다고 지적했다.[14]

그렇다면 지금까지의 실험에서 무엇을 알 수 있을까? 우리는 대기 중 이산화탄소 증가가 꽃가루의 단백질 함량을 낮출 수 있다는 역사적·실험적 증거를 갖고 있다. 스미소니언 박물관의 미역취 표본을 보면 1840년대 이후로 꽃가루 단백질 함량이 30퍼센트가량 낮아졌다. 텍사스주 평원의 이산화탄소 코네스토거 마차 실험은 이 사실을 거듭 확인해줬으며, 대기 중 이산화탄소 농도가 계속 높아진다면 한 동안 꽃가루의 단백질 함량은 계속 낮아질 것임을 암시했다.

대기 중 이산화탄소 농도가 높아져서 꽃가루의 단백질 함량이 줄었다면 그 결과는 이미 나타나고 있다. 지금처럼 벌들은 꿀벌응애, 네오니코티노이드neonicotinoids(니코틴과 화학적으로 유사한 새로운 살충제), 농업 단일재배에 따른 환경 스트레스를 계속 겪게될 것이다. 대기 중 이산화탄소 농도 증가가 꿀벌 건강에 미치는 영향은 여전히 알려진 바가 거의 없지만, 반드시 밝혀야 할 부분이다. 물론 인간과 꿀벌만이 아니라 메뚜기부터 소까지, 모든 동물에게 영향을 미친다.[15]

언제나 그렇듯이 나는 마법 주문 뒤에 숨겨진 속임수처럼, 관찰한 사실 뒤에 가려진 또 다른 과정을 알고 싶다. 그러니 이산화탄소가 어떻게 식량의 영양학적 품질을 낮추는지 조금만 더 깊이 파고들어 보자. 어쩌면 이산화탄소가 식물 성장을 촉진해서 영양분이 희석되는 건 아닐까? 아니면 지상부와 지하부의 비율을 바꿔서? 그것도 아니면 다른 방법으로? 이 문제를 계속 탐구하던 중에 우리는 흥미로운 패턴을 발견했다. 그중 가장 흥미로운 내용은 '대기 중 이산화탄소 증가가 벼의 영양학적 품질에 미치는 영향'을 연구한 한 논문에서 발견했다(그림 9.5).

비타민 B군과 함께 토코페롤 즉, 비타민 E도 관찰했는데, 비타민 B군과 달리 토코페롤 함유량은 이산화탄소 농도가 높을수록 증가했다는 점이 흥미롭다. 왜 어떤 비타민은 증가하고 어떤 비타민은 감소할까? 의아하지만 우리가 세운 작업가설은 그림 9.5에 반영되었

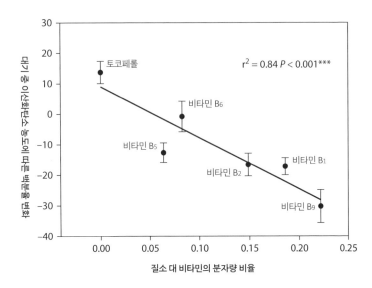

그림 9.5. 금세기 전과 세기말의 대기 중 이산화탄소 농도 변화에 따른 벼에 함유된
비타민 농도 백분율 변화. 비타민에 든 질소량을 이용해 측정했다. 이산
화탄소가 증가할수록 질소 농도가 높아지고, 비타민 농도는 감소한다. 저
자가 제공한 데이터.

다. 기본적으로 비타민에 든 질소량은 대기 중 이산화탄소 농도에 반
비례로 반응한다. 만약 질소가 없다면 이산화탄소 농도가 높을수록
화합물의 농도는 증가할 것이다. 그림 9.5에 보이는 토코페롤이 그
렇다. 이런 경향은 앞서 소개한 항말라리아 화합물인 아르테미시닌
artemisinin에서도 똑같이 나타났다. 아르테미시닌도 토코페롤처럼 질
소가 없으며, 20세기 동안 대기 중 이산화탄소 농도가 증가함에 따
라 아르테미시닌 농도도 같이 높아졌다. 만약 질소가 많다면 화합물

의 농도는 감소할 것이다. 기본적으로 식물은 대기 변화에 잘 적응하고 있는 것 같다. 탄소는 늘어나는데 질소는 줄어든다? 그러면 탄소가 풍부한 화합물은 많이 만들고, 질소가 필요한 화합물은 적게 만들면 되지 않을까? 식물은 허용된 자원을 최대한 활용한다.

단백질을 만들려면 질소가 많아야 한다. 단백질을 구성하는 아미노산에 질소가 많기 때문이다. 즉, 벼에서 미역취 꽃가루까지 다양한 식물을 살펴봤을 때 대기 중 이산화탄소 농도가 증가하면 단백질이나 질소 같은 식물 화합물은 대폭 줄어든다. 이것이 진짜 식량의 미래일까? 아직 알 수 없다. 이 현상이 얼마나 보편적인 반응인지 확인하려면 더 깊이 연구해야 한다. 지금은 일부 확인된 작업가설일 뿐이다. 하지만 만약 가설이 옳다면 식물의 영양학적 품질은, 전 세계 먹이 사슬 전반은 당연히 이산화탄소의 영향을 받을 것이다. 그리고 그 영향이 좋은 쪽일 리는 만무하다.

얼마나 나쁠까? 인간의 영양에 관한 격언은 엄청나게 많고("하루 사과 한 알이면 의사가 필요 없다" "당신이 먹는 것이 당신을 말해준다" 등등), 모두 적절한 영양 섭취와 건강의 연관성을 강조한다. 코로나19부터 심장질환까지, 암부터 당뇨병까지, 우리는 식단과 영양 섭취가 의학이라는 무기의 핵심 도구라는 점을 알고 있다.

미국에서 영양결핍을 언급하면 대개는 "다른 나라의 빈곤층 얘기겠지"라고 생각하면서 영양실조에 걸린 에티오피아 어린이나 가난에 찌든 부룬디의 빈민촌을 떠올린다. 그러나 이는 기아를 제대로 알려주지 않아서다. 2020년 7월, 국제 학술지 〈미국임상영양학(American

Journal of Clinical Nutrition》은 미국에서 영양과 관련된 질병이 빠르게 증가하면서 매년 50만 명 이상이 사망한다고 강조했다.[16] 이 문제는 코로나19가 전 세계적으로 유행했던 상황뿐 아니라 실업 및 빈곤과도 관계가 있다. 대기 중 이산화탄소가 계속 증가해서 식량의 영양 성분 및 품질이 떨어지면 수백만, 아니 수십억 명에게 무슨 일이 일어날지 알 수 없다.

한편 재채기가 잦은 사람이라면 당신에게 봄은 치열한 계절일 것이다. 노란 개나리부터 무지갯빛 프림로즈까지, 휴면기에 들어갔던 모든 식물이 되살아나는 모습이 경외심을 불러일으키는 탓도 있다. 그리고 무엇보다 참나무나 자작나무가 날리는 꽃가루가 있다. 버드나무도, 누릅나무도 꽃가루를 날린다.

참나무는 위풍당당하다. 의심할 여지가 없다. 하지만 참나무도 다른 나무처럼 봄에는 저렴한 섹스를 한다. 이 말뜻은 단순하다. 일부 나무들은 스스로 꽃가루를 만들어 이를 바람에 실어 암나무에 보낸다. 보통은 꽃가루(수배우자 혹은 정세포)를 암술(씨방, 암술머리, 암술대 등 꽃의 생식기관)로 옮겨줄 꽃가루 매개자를 유혹하려고 아름답고 화려한 꽃을 피우는데, 거기에 시간을 투자하지 않는다는 의미다. 그러나 바람이 신뢰할 만한 꽃가루 매개자는 아니라서 참나무 같은 나무들은 꽃가루를 아주, 매우, 엄청나게 많이 만들어야 한다. 어마어마한 봄철의 오르가슴인 셈이다. 이에 따라 알레르기가 있는 많은 사람이 고통을 겪는다. 나를 포함해서, 그러니까 미국만 계산해봐도 나

외에 대략 2,500만 명이 고통받는다.[17]

그런데, 높은 이산화탄소 농도는 이 그림의 어디에 숨어있는 걸까? 나무보다 좀 더 쉬운, 그러니까 더 작은, '저렴한 섹스'를 하는 식물인 돼지풀을 살펴보자. 돼지풀은 한 개체가 꽃가루 입자를 10억 개 이상 만들 수 있다. 실제로 돼지풀은 꽃가루 테러범 중 가장 악질인 식물이며, 최악의 나무 종과 비교해도 뒤지지 않는다.[18]

가정을 세울 만한 질문을 찾아보자. 대기 중 이산화탄소가 늘어나면 돼지풀의 꽃가루 생산에 어떤 영향을 미칠까? 나와 프랜시스 코필드Frances Caulfield는 1990년대 후반에 이런 의문을 가졌다.[19] 우리는 산업화 이전, 현재, 미래의 대기 중 이산화탄소 농도(각각 270, 370, 600피피엠)에 맞춰 돼지풀을 키웠다. 돼지풀은 최근과 미래의 대기 중 이산화탄소 농도에 잘 적응했다. 이산화탄소 농도가 270피피엠에서 370피피엠으로 증가하면 크기가 두 배 커졌고, 370피피엠에서 600피피엠으로 높아지면 또다시 두 배 커졌다. 그리고 크기가 커지면서 꽃가루 생산량도 늘어났다(그림 9.6).

한 가지 더, 호기심 많은 의과대학생(가장 훌륭한 유형의 학생이다) 벤 싱어Ben Singer는 다음과 같은 논리적인 질문을 했다. 이산화탄소가 면역 반응을 촉발하는 꽃가루 표면의 알레르기 유발 항원 농도에 영향을 주는가? 물론 그렇다. 대기 중 이산화탄소 농도가 높아지면 알레르기 유발 항원도 많아진다.[20]

알아야 할 사실은 아직 더 남아있다. 오재원을 비롯한 혁신적인 한국 과학자들은 또 다른 주요 꽃가루 생산자인 상수리나무를 대상으

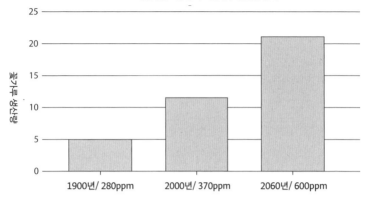

그림 9.6. 대기 중 이산화탄소 농도 증가에 따른 돼지풀의 평균 꽃가루 생산량. 클라이밍 센트럴Climate Central의 허락을 받아 기재.

로 돼지풀 실험을 재현했다(그림 9.7). 다른 연구 결과와 마찬가지로, 한국 과학자들은 대기 중 이산화탄소가 늘어날수록 상수리나무의 꽃가루 생산량이 늘어난다는 사실을 확인했다(표 9.1). 또한 상수리나무 꽃가루에 있으며 사람들에게 알레르기 반응을 일으키는 알레르기 유발 항원(쿼르쿠스 a1) 농도를 증가시킨다는 사실도 발견했다.[21]

위 결과가 전하는 메시지는 간단하다. 대기 중 이산화탄소가 늘어날수록 돼지풀도, 참나무도 더 커진다. 동시에 꽃가루는 많아지고, 알레르기를 유발하는 꽃가루도 더 많아진다. 누군가에게는 상관없을 것이다. 재채기를 몇 번쯤 더 하고, 휴지를 챙기는 정도로 끝날 이야기다. 그러나 누군가에게는 엄청난 고통이다. 부비강에 압박이 오고 눈은 가렵고 눈물이 흐르며 목은 따갑다. 기도가 막히고 숨쉬기 힘든

그림 9.7. 다양한 이산화탄소 농도에 적응해 자라는 상수리나무. 대기 중 이산화탄소 농도가 높아질수록 꽃가루 알레르기(알레르기성 비염)를 일으키는 알레르기 유발 항원 농도도 높아진다. 오재원 박사의 사진.

이산화탄소 농도(ppm)	400 (주변)	550 (주변 × 1.4)	700 (주변 × 1.8)
퀘르쿠스 a1 농도($\mu g/m\ell$)	229.1	287.9(1.26배)	353.8(1.54배)

표 9.1. 대기 중 이산화탄소 농도가 높아질 때 꽃가루 알레르기(알레르기성 비염)를 일으키는 상수리나무의 알레르기 유발 항원 농도의 변화.

천식, 귀나 폐의 감염과 함께 일어나는 부비동염, 혹은 아나필락시스가 발생하는 사람도 있다(당신들 중에도 분명 해당되는 이가 있을 것이다). 알레르기 반응이 심각하면 몸이 움직이지 않거나 멈출 위험이 커진다. 참고로 나는 흡입기 없이는 어디에도 가지 않는다. 숨 쉴 수 없는 상황은 너무나 두렵다.

꽃가루가 더 많이 날리면 사망률이 더 높아질까? 꼭 그렇지만은 않다. 그러나 만약 천식을 오랫동안 앓았다면 서서히 죽어가는 기분을 느낄 것이다. 네덜란드 연구팀은 꽃가루가 많이 날리는 날들을 다른 측면에서 관찰한 뒤{네덜란드에는 알레르기를 일으키는 벼과 식물(Poaceae)이 있다}, 꽃가루가 가장 많았던 날은 심장질환 사망률이 6퍼센트, 만성폐쇄성폐질환(chronic obstructive pulmonary disease) 사망률이 15퍼센트, 폐렴 사망률이 17퍼센트가량 높아진다는 사실을 발견했다.[22]

그래서 나는 영민한 헝가리 교수 라즐로 마크라Laszlo Makra의 도움을 받아 인터넷에서 찾을 수 있는 모든 데이터베이스를 샅샅이 훑었다. 그 결과 우리는 꽃가루 수가 실제로 늘어났으며 전 세계적으로, 최소한 북반구에서 계속 늘고 있다는 사실을 발견했다.[23] 이런 증가세에서 어느 정도가 이산화탄소와 혹은 기온 상승과 연관됐는지는 아직 관찰을 더 해야 하지만, 전체적으로 볼 때 연관성은 명확하다. 대기 중 이산화탄소가 많아지면 꽃가루도 많아진다.

/ 꽃가루에 이은 또 다른 알레르기 문제 /

앞서 언급했듯이 스스로 질소를 고정할 수 있는 콩과식물은 대기 중 이산화탄소가 늘어나도 영향을 덜 받는 듯 보인다. 그러나 여기에도 의문이 제기된다. 이산화탄소 증가 현상에 다른 단백질보다 유독 민감히 반응하는 다른 단백질이 있다면? 그런 단백질이 존재한다면 인간의 건강에 어떤 영향을 줄까? 미국 알레르기, 천식, 면역학 연례 학회에서 발표한 연구 결과를 보면, 2010년 이후 어린이들 사이에서 땅콩 알레르기가 21퍼센트 증가했으며, 미국 어린이의 약 2.5퍼센트는 땅콩 알레르기가 있다.[24] 알레르기의 위협은 초등학교와 비행기에서 제공하는 간식에서 땅콩을 배제하는 결과를 불러왔다.

땅콩은 대기 중 이산화탄소에 반응할까? 물론 반응한다. 밀, 벼, 콩, 동부콩 등등처럼. 땅콩의 성장 속도와 낱알 수확량은 긍정적으로 반응한다. 다른 연구에서 밝혔듯이, 땅콩 품종마다 대기 중 이산화탄소에 반응하는 정도는 조금씩 다르다.[25] 예를 들어 내가 동료와 함께한 야외 실지 실험에서 현재보다 250피피엠 이상 높은 대기 중 이산화탄소 환경을 유지했을 때, 버지니아 점보 품종의 수확량이 조지아그린 품종보다 크게 늘어났다.[26] 즉, 여기서도 대기 중 이산화탄소 반응성에 의한 품종 선택이 나타나며, 이번 대상은 땅콩 품종이다.

여기에는 중요한 사실이 또 있다. 버지니아 점보 품종의 수확량이 늘어나는 것과 동시에 아라Ara h1이라는 단백질 농도도 증가했다. 불행히도 이 단백질은 땅콩 알레르기를 일으키는 알레르기 유발 항원이다. 대기 중 이산화탄소 증가는 식품 알레르기라는 판도라 상자를 열어젖힐지도 모른다. 그러나 지금으로서는 이 상자의 내용물을 알 수 없다. 대기 중 이산화탄소 농도 증가로 식품 알레르기와 관련된 식물 단백질 농도가 늘어난다면, 연관된 알레르기 질환에 심각한 영향을 미칠 뿐 아니라 인간 건강에도 엄청난 위험이 될 것이다. 위협이 얼마나 심각할지는 알 수 없다. 그러나 아나필락시스 쇼크로 죽고 싶은 사람은 아무도 없다.

사람들은 대개 식물이 정적이며 수동적이라고 생각한다. 그러나 이는 사실이 아니다. 식물을 연구하면 이들이 적극적으로 경쟁한다는 사실을 알 수 있다. 식물은 빛이 있는 쪽으로 하늘 높이 오르는 동시에 근처의 다른 식물에 그늘을 드리우고, 뿌리로는 희귀한 영양분을 다른 식물보다 빨리 흡수하려 한다. 그리고 이웃 식물의 성장을 억제하려 토양에 독을 뿌리기도 한다. 동물을 상대로는 어떻게 할까? 아주 흥미롭다. 풍부한 색과 양분(꿀)을 보상으로 일부 동물을 유인해서 씨앗을 퍼트리게 하는 한편, 잎은 먹지 못하도록 독을 만들어서 동물을 쫓아내기도 한다. 여기에는 인간도 포함이다.

인간은 수천 년 동안 어떤 식물이 식용인지 아닌지를 배워왔다. 사과, 물론 먹을 수 있다. 사과 씨는? 사과 씨에는 식물 화합물인 아미그달린amygdalin이 들어있다. 사과 씨가 부서지고 씹혀서 소화되면, 아미그달린은 시안화수소로 분해된다. 사과 씨를 하나쯤 먹어도 죽지는 않지만, 너무 많이 먹으면 심각하게 아플 것이다. 과거 전장에서 적군에게 사과 씨를 던진 데는 다 이유가 있는 셈이다. 대황

(Rhubarb)도 당연히 먹을 수 있다. 대황 줄기는 타르트와 여러 전통 요리에 사용한다. 대황 잎은 어떨까? 죽고 싶을 때만 먹어야 한다. 대황 잎에는 옥살산이 들어있다. 강낭콩에는 렉틴lectin이라는 독소가 들어있어서 위의 세포를 죽일 수 있다. 그런데도 강낭콩이 먹고 싶다고? 그렇다면 최소 다섯 시간은 삶아서 독소를 없애야 한다.

가짓과 식물은 어떨까? 악명 높은 것 중에 '소돔의 사과'라는 별명을 가진 솔라눔 리네아눔Solanum linnaeanum이 있다. 별명에서 알 수 있듯이 먹고 싶은 식물은 아니다. 하지만 토마토와 감자도 가짓과 식물인데? 물론 토마토와 감자는 먹을 수 있다. 다만 잎, 줄기, 싹은 먹으면 안 된다. 감자는 녹색이 도는 것은 절대 먹으면 안 된다. 사람들은 가짓과 식물을 매우 두려워했다. 이 식물들이 신대륙에서 유럽으로 전해졌을 때, 사람들은 길모퉁이에 서서 토마토를 먹은 사람이 웨어울프로 변하리라고 믿었다. 토마토의 학명은 무엇일까? 라이코퍼시콘Lycopersicon, 말 그대로 늑대(lyco) 복숭아(persicon)다.

독성이 있는 식물은 수천 종에 이른다. 대기 중 이산화탄소가 식물 화학을 바꿀 수 있다는 점을 생각해볼 때, 대기 중 이산화탄소 농도가 높아지면 식물의 독성에는 어떤 영향을 미칠까? 이 질문에 내가 손뼉 치며 "바로 그 질문을 기다렸습니다. 여러분에게 알려드릴 지식이 너무나 많습니다!"라고 대답할 수 있다면 좋았을 것이다. 그렇지만 현실은 그렇지 않다. 대신 이 문제를 연구한 극소수의 논문에서 미미하게나마 통찰을 얻을 수 있다.

호기심 많은 과학자인 로슬린 글리도우Roslyn Gleadow는 오스트레일리아 모나시대학교에서 카사바cassava를 연구한다. 카사바는 덩이줄기 작물로 전 세계 7억 5,000명의 주식이다. 특히 열대지방에서 카사바는 쌀과 옥수수를 잇는 주요 탄수화물 공급원이다. 가뭄에 강한 작물이어서, 세계적으로 가뭄이 잦아질 경우를 대비한 주식 후보로 반갑지 않은 관심을 받고 있다.

카사바는 단 품종과 쓴 품종이 있다. 맛이 쓴 품종은 덩이줄기에 들어있는 시안화물(cyanide)이 쓴맛을 내서 자신을 먹으려는 해충과 동물을 쫓아낸다. 그만큼 카사바는 먹기 전에 적절히 손질해야 한다. 그렇지 않으면 시안화물이 몸속에 쌓이면서 갑상샘종, 운동실조(ataxia, 근육은 정상이지만 운동할 수 없는 상태―옮긴이), 마비, 사망 같은 부작용을 일으킨다. 카사바를 제대로 손질하지 않고 먹어서 걸리는 가장 흔한 질병 중 하나가 콘조konzo다. 돌이킬 수 없는 경련성마비를 급속도로 일으키는 신경질환으로, 뇌성마비나 다발성 경화증(multiple sclerosis)과 비슷하다.[27] 사하라사막 이남의 아프리카 특히, 우간다, 탄자니아, 콩고민주공화국에서는 수천 명이 카사바를 먹고 시안화물 중독 증상과 콘조를 앓는다. 슬프게도 신뢰할 만한 자료가 없는 실정이다.

로슬린은 단순한 가설을 세웠다. 대기 중 이산화탄소가 늘어나면 카사바 수확량이 늘어날까? 또 카사바 화학이나 영양 품질에 변화를 일으킬까? 이 가설을 시험하기 위해 로슬린은 현재와 미래 즉, 대기 중 이산화탄소 농도 550피피엠과 710피피엠 환경에서 카사바를 재배했다. 이 두 농도는 가까운 미래와 금세기말에 이를 것으로 추정되는 이산화탄소 농도다. 밀과 벼 같은 작물과 달리, 카사바 덩이줄기는 개체당 수확량이 줄었고, 시안화글리코사이드(cyanogenic glycoside) 농도에도 변화가 없었다. 참고로 시아노겐cyanogen은 시안화물 생산을 유도하는 물질이다. 간혹 식용으로 맛보는 잎에서는 시안화글리코사이드 농도가 증가했다.[28]

로슬린의 연구는 더 근본적인 질문을 제기한다. 대기 중 이산화탄소가 늘어나면 우리가 먹는 식품의 독성 성분에 영향을 미칠까? 모든 식물의 약 10퍼센트와 작물의 약 60퍼센트는 시안화글리코사이드를 만든다.[29] 이 식물들도 카사바와 비슷한 성향을 보일까? 이 해답을 알 수 있다면 좋겠다.

인간을 제외한 다른 동물은 어떨까? 식물은 모든 동물의 먹이이며, 여기에는 곤충도 포함한다. 수억 년 동안 식물과 곤충 사이에서는 상당히 정교한 화학을 포함한 진화적인 투쟁이 끊이지 않았는데, 여기에는 식물이 산 채로 먹히지 않으려고 만들어내는 살충 성분도 포함된다. 한 예로 일본 알풍뎅이(Japanese beetles) 즉, 포필리아 자포니카Popillia japonica는 최악의 해충이다. 구제할 길이 전혀 없는 이 반짝이는 풍뎅이는 빠르게 번식하고 눈에 띄는 초록색에는 어김없이 들끓는다. 식물 300여 종 이상을 먹이로 삼는 과일, 정원, 작물의 파괴자다.

현재 일본 알풍뎅이는 잔디밭에 가장 널리 퍼진 해충이며, 미국의 잔디 및 관상원예 산업계는 이 해충을 관리하는 데만 매년 5,900억 원가량을 쏟아붓고 있다.[30] 일본 알풍뎅이를 비롯한 곤충들이 잎을 갉아 먹으면 콩과 여러 식물은 자스몬산(jasmonic acid)이라는 호르몬을 만들어 화학반응을 일으킨다. 결과는 어떨까? 단백질분해효소 억제제 즉, 곤충이 잎을 먹었을 때 소화를 억제하는 물질을 만든다.

대기 중 이산화탄소가 늘어나지 않는 한은 그렇다. 대기 중 이산화탄소 농도가 약 550피피엠이었던 10년 전의 일리노이주에서 자란 콩은 자스몬산을 적게 생산했고, 그로 인해 일본 알풍뎅이의 피해를 많이 입었다.[31] 물론 식물의 화학 무기에 속하는 독소가 자스몬산만 있는 것은 아니다. 담배를 보라. 혹시 담배가 특별히 R.J.레이놀즈타바코 회사를 위해 니코틴을 만든다고 생각했는가? 수 세기 동안 정원사들은 직접 담배와 물을 섞어서 천연 살충제를 만들어 해충을 퇴치하곤 했다. 만약 대기 중 이산화탄소 농도가 높아진다면 담배는 어떻게 될까? 나와 동료들은 최근, 그리고 미래에 도달할 대기 중 이산화탄소 농도에서 담배 성분의 변화를 살폈다. 대기 중 이산화탄소가 늘어나자 자스몬산처럼 담배 속에 든 니코틴 농도도 심각하게 줄어들었다.[32] 여러분이 애연가라면 슬퍼질 소식이지만 담뱃잎을 좋아하는 해충은 좋아할 소식이다.

여기까지는 그저 식물 독소의 겉 부분만 살짝 훑은 정도다. 세계인에게 가장 사랑받는 정신 활성 물질인 카페인Caffeine은 사실 곤충의 소화기계를 파괴하는 천연 살충제 성분이다. 굳이 스타벅스에 이 사실을 알릴 필요는 없겠지만 말이다. 대기 중 이산화탄소 농도가 높아지면 카페인은? 카멜리아 시넨시스Camellia sinensis는 전 세계인이 차로 즐기는 잎인데, 대기 중 이산화탄소 농도가 800피피엠까지 높아지면 잎에 든 탄수화물 농도가 늘어나면서 폴리페놀, 유리아미노산, 테아닌theanine 농도도 높아진다. 그러나 카페인 농도는 약 25퍼센트 낮아진다.[33] 최근 미국 농무부의 커피 전문가 페르난도 베가Fernando Vega와 내가 함께 발표한 논문에서도 그렇지만, 다른 여러 논문에도 커피나무의 카페인 농도가 감소하는 현상을 확인할 수 있었다. 그런데 이 현상은 흥미롭게도 한 품종의 커피나무에만 나타났다.[34]

지금 우리는 높아지는 대기 중 이산화탄소 농도와 식물화학의 상호작용과 이 상호작용이 곤충-식물 상호작용에 미치는 결과를 그저 수박 겉핥기식으로 살펴보고 있다. 그러나 이 상호작용은 너무나 중요하다.

/ '하느님, 맙소사'가 현실이 되다 /

사람들은 그렇게 생각하지 않겠지만, 사실 독과 약은 성분이 크게 다르지 않다. 복용량을 바꾸거나 화학반응을 조금만 비틀어도 생사를 가르는 차이를 낸다. 이런 사실은 이미 초기 문명에서도 충분히 알려졌다. 고대 수메르인은 양귀비를 '기쁨의 식물'(헐 길hul gil)이라고 언급했다.[35] 아마 수메르인은 양귀비의 효능을 알았을 것이다. 그 효과가 얼마나 강력한지도 깨달았을 것이다. 기원전 3400년에 양귀비 재배법이 이미 공유되었을 정도로 양귀비의 능력은 대단했다.

물론 수메르인은 글락소스미스클라인GlaxoSmithKline사(오스트레일리아 아편제제 사업 부문은 2015년에 선 파마슈티컬Sun Pharmaceutical사로 넘어 갔다)로, 수메르는 태즈메이니아Tasmania로 대체되었다.[36] 현재 태즈메이니아의 상업적 양귀비 재배지는 테바인thebaine으로 옥시콘틴OxyContin 을 만드는 것처럼, 양귀비 유래 성분으로 새로운 진통제를 생산하고 자 고군분투한다. 더불어 모르핀과 코데인의 전 세계 생산량 4분의 1 을 책임지고 있다.

문명이 시작된 이래 인간에게 식물화학은 의약품의 주요 공급원이 었다. 표 9.2는 식물을 기반으로 한 의약품 목록의 일부에 지나지 않 는다. 논리적으로 생각할 때, 제약회사는 식물을 기본 공급원으로 삼 지 않을 거라고 여기기 쉽다. 생산 및 공급 과정에 약용식물 재배 과 정까지 들어가면 성가시고 비용도 많이 들기 때문이다. 그보다는 약 과 약을 합성하는 편이 나을 것이다. 물론 이것도 식물에서 이런 물 질이 발견된 다음에나 가능하겠지만 말이다. 실제로 제약회사 대부 분이 이런 식으로 운영된다. 그러나 현재, 선진국 의약품 중 약 15퍼 센트는 여전히 식물 유래 물질이다. 가령 양귀비로 모르핀을 만들 지 않나. 흥미롭게도 개발도상국은 이 비율이 80퍼센트까지 높아졌 다.[37] 모든 골목 모퉁이에 라이트 에이드Rite Aid(미국의 대형 약국 체인 -옮긴이)가 있는 건 아니지만, 어쩌겠는가?

식물생물학의 여러 측면을 둘러봤으니 이제 다시 의약품 얘기로 돌아가자. 대기 중 이산화탄소 농도가 높아지면 모르핀 생산에 어떤 영향이 있을까? 아마도 정부는 개인인 내가 모르핀을 재배하도록 허 가할 것이다.

표 9.2. 식물 기반 의약품과 임상 용도

의약품	작용/임상 용도	종
아세틸다이옥신	강심제	디기탈리스 라나타
알릴기	피부 발적제	브라시카 니그라
아트로핀	항콜린제	아트로파 벨라도나
베르베린	세균성 이질 치료제	베르베리스 불가리스
코데인	진통제, 기침약	파파베르 솜니페룸
단트론	변비 치료제(완하제)	카시아 종
에페드린	항히스타민제	에페드라 시니카(몰몬차)
갈란타민	콜린에스테라아제 억제제	라이코리스 스콰미게라
카와인	신경안정제	파이퍼 메티스티쿰(카바)
L-도파	항파킨슨약	무쿠나 종
라파콜	항암제, 항종양제	타베브이아 종
와베인	강심제	스트로판터스 그라터스
퀴닌	항말라리아제	신초나 레게리아나
살리신	진통제	살릭스 알바
탁솔	항암제	포도필룸 펠타툼
바시신	뇌 흥분제	빈카 마이너
빈크리스틴	항백혈병제	카타란터스 로시우스

출처 | Lewis H. Ziska, Paul R. Epstein, and William H. Schlesinger,
"Rising CO2, Climate Change, and Public Health : Exploring the Links to Plant Biology,"
Environmental Health Perspectives 117, no. 2 (2009) : 155.58.

때로 식물 관련 지식은 유용하기도 하다. 모르핀을 생산하기 위해 상업적으로 재배하는 양귀비는 파파베르 솜니페룸Papaver somniferum(미국 규제 약물)이다. 하지만 양귀비 품종은 수십 종에 이르며, 운 좋게도 이 중에는 아편제제를 만드는 양귀비 품종이 하나 더 있다. 바로 파파베르 세티게룸이다. 이는 파파베르 솜니페룸의 친척격인 잡초다. 파파베르 세티게룸은 합법적으로 재배할 수 있다. 왜냐고? 파파베르 솜니페룸에 비해 아주 소량의 모르핀 알칼로이드만 들어있기 때문이다. 대마와 마리화나의 관계와 비슷하다.

어느 날 오후, 나는 미국 마약단속국(DEA) 과학자 시니 패니커Sini Panicker에게 전화를 걸어 이제부터 내가 하려는 일을 설명했다. 잠시 침묵이 흐르더니, "멋진데요?"라는 대답이 돌아왔다. 똑같은 내용으로 먼저 제안한 다른 다섯 명이 있었는데, 그때는 통화 도중 전화가 끊겼다. 과학자들은 괴짜다. 하지만 좋은 쪽으로 괴짜다.

일단 우리는 가설을 세웠다. 우리는 대기 중 이산화탄소 농도를 300, 400, 500, 600피피엠 네 가지로 설정해서 파파베르 세티게룸을 재배하기로 했다. 이 네 가지 이산화탄소 농도는 최근부터 미래 예측 농도까지 포함하고 있어서 범위가 꽤 적절했다. 그리고 다른 연구처럼 두 가지 기본 사항 즉, 식물이 얼마나 더 자라는지, 식물화학이 어떻게 변하는지에 초점을 맞췄다. 파파베르 세티게룸 성장은 상당히 촉진되었다. 대기 중 이산화탄소 농도가 300피피엠을 넘어서면 잎 면적이 눈에 띄게 넓어지고 지상 생물량이 많이 늘어났다.[38]

그 외에 좀 더 흥미로운 사실도 눈에 띄었다. 생식이라는 측면에서, 대기 중 이산화탄소가 300피피엠에서 600피피엠으로 높아지면 각 개체당 꽃의 포자낭 수, 포자낭 무게, 유액 생산량이 각각 3.6, 3.0, 3.7배씩 증가했다. 더불어 모든 아편제제 즉, 모르핀, 코데인, 파파베린, 노스카핀noscapine의 개체당 농도도 증가했다. 상대적으로 가장 많이 증가한 구간은 가장 최근의 이산화탄소 농도인 300피피엠이 400피피엠으로 늘어나는 구간이었다.[39]

아마 이쯤에서 당신은 묻고 싶을 것이다. "이산화탄소가 모르핀 생산량을 늘릴 수 있고, 모르핀이 전 세계에서 중요한 진통제라면, 이 정보는 '하느님 맙소사'가 아니라 '좋은 점'에 넣어야 하지 않을까?" 솔깃한 말이지만 그렇지는 않다. 그 이유를 이해하려면 아스피린의 역할과 역사를 살펴봐야 한다. 바이엘Bayer사는 1899년경에 아세틸살리실산(acetylsalicylic acid)을 합성한 상품, 아스피린을 만들어 판매했다.[40] 그러나 진통제 성분인 살리실산의 특성은 문명이 시작되었을 무렵 이미 알려진 상태였다. 양귀비를 유용하게 이용했던 고대 수메르인이 버드나무 껍질이나 도금양(myrtle, 지중해가 원산지인 상록 관목—옮긴이)처럼 살리실산이 풍부한 식물에 관한 기록을 점토판에 남겨뒀기 때문이다. 살리실산은 열을 내리고 통증을 완화하며 염증을 가라앉힌다. 이집트인도 이런 식물들의 의약품 기능을 파피루스에 기록했다. 살리실산이 피부에 심각한 자극을 일으킬 수 있다는 점도 함께 적었다.

1897년에 바이엘사에서 일하던 펠릭스 호프만Felix Hoffmann은 살리실산보다 자극이 적은 대체물질을 찾기 시작했다. 호프만이 이런 생각을 하게 된 것은 류머티즘을 앓던 아버지가 살리실산나트륨(sodium salicylate)을 먹고 부작용을 겪었기 때문이었다.[41] 호프만은 산도(pH)를 낮춰 아세틸기(CH_3CO^-)를 살리실산에 결합해 살리실산나트륨을 아세틸화했다. 그러자 먹기도 편하고 더 효과적인 약, 아스피린이 탄생했다. 만들기도 더 쉬워서 이제 버드나무 껍질은 필요없게 되었다.

바이엘사의 아스피린이 대성공을 거두었다는 사실은 두말하면 입 아프다. 아스피린은 바이엘사에 많은, 정말 엄청나게 많은 돈을 벌어다 주었다. 그다음에는 화학반응을 반복해서 다른 물질을 아세틸화했다. 모르핀을 아세틸화하면 어떨까? 모르핀을 몇 시간 동안 가열하면 아세틸화하면서 새로운 물질이 되는데, 이게 바로 디아세틸모르핀diacetylmorphine이다.

맙소사, 바이엘사가 이 신약을 어떻게 했을까? 우선 기억하기 쉬운 이름이 필요했다. 빨리 돈을 벌려면 '디아세틸모르핀' 같은 이름은 적당하지 않았다. 그래서 바이엘사는 '영웅적인(heroisch)'이라는 뜻의 독일어를 따서 '헤로인heroin'이라고 이름 지었다(그림 9.8).[42] 그리고 모르핀 중독 치료제로 판매했다. 솔직하기도 하지.

바이엘사는 신약 관련 연구를 시작하기도 전에, 헤로인이 중독성이 없으며 기관지염이나 결핵, 그 외 기침과 관련된 질환에 효과적이라고 소개했다. 그리고 홍보전을 위해 도움도 받았다. 1906년에 미국의학협회(AMA)는 헤로인 사용을 승인하고 헤로인을 모르핀 대신 사용하라고 권장했다. 이 권고는 미국이 법으로 헤로인 판매를 금지한 1920년대까지 유지되었다. 그나마 국제연맹(League of Nations, 일

그림 9.8. 바이엘사 헤로인.

차세계대전 이후 조직한 국제기구—옮긴이)이 헤로인을 규제하면서 전 세계적으로 합법이었던 헤로인의 제조와 판매가 조금씩 감소했다. 현재 미국에서는 매년 1만~1만 5,000명이 헤로인 중독으로 사망하고 있다.[43]

대기 중 이산화탄소가 증가하면 야생 양귀비가 늘어나고 모르핀과 그 외 아편제제 함유량도 증가한다. 그렇다면 더 많은 이산화탄소는 상업적으로 재배하는 양귀비에서도 더 많은 헤로인을 만들어낼까?

'마약과의 전쟁'은 50년 동안 현재진행형이다. 아마 마약 자체와의 전쟁이라기보다는 특정 마약과 연관된 계급 및 문화와의 전쟁이라는 말이 더 맞을 것이다. 중국인 이민자를 대상으로 하는 최초의 아편법은 1870년대에, 멕시코인 이민자를 대상으로 하는 최초의 반마리화나법은 20세기 초에 제정되었다. 마약 단속법은 차별 적용되었으며 특히, 흑인과 백인 공동체에서 더 차별적인 양상을 보였다는 데는 의심의 여지가 없다.

그러나 '전쟁'은 마약 재배와 공급 제한이라는 측면을 포함해야 한다. 당신이 상상하는 것처럼, 내가 마약단속국 소속 시니와 함께 대기 중 이산화탄소가 야생 양귀비의 아편제제 생산에 미칠 영향을 연구한 결과는 매우 흥미로웠다. 다른 마약은 어떨까? 콜롬비아와 미국은 수십 년 동안 마리화나부터 헤로인까지 각종 마약과 전쟁을 벌여왔다. 특히 에리트록실럼 코카Erythroxylum coca 즉, 코카인은 많은 주목을 받았다. 대기 중 이산화탄소가 늘어나면 코카인 생산에도 영향을 미칠까? 글리포세이트(라운드업)를 살포해 파괴되었다 해도 남은 작물 일부에서 더 많은 마약을 만들어낼 수 있을까? 우리는 이미 앞에서 이산화탄소가 다른 '잡초'에 미치는 제초제 효과를 어떻게 바꾸는지 살펴보았다.

만약 마약단속국이 마약이 재배되는 과정과 환경에 이산화탄소가 미칠 영향을 궁금해한다면 이런 연구는 계속 지원될 것이다. 각종 마약과의 전쟁에서 이런 연구는 기본이 될지도 모른다. 그러나 내가 알기로 마약단속국은 공식적으로 이 일에 크게 관심이 없다.

'이산화탄소는 식물의 먹이다'라는 주장에 오해의 소지가 있다는 점은 때때로 효과적이다. 사람들이 식물을 떠올릴 때 헤로인을 먼저 생각하지는 않으니 말이다. 그보다는 참나무나 세쿼이아처럼 위엄 있는 나무를 먼저 떠올릴 것이다. 특히 보수 성향 사이트에서 '이산화탄소는 식물의 먹이다'라는 프레임이 언급될 때 필연적으로 테다소나무가 등장한다. 대기 중 이산화탄소 농도가 증가했을 때 이에 반응해 자라는 나무 사진 같은 형태이다.[44] 중요한 얘기는 아니지만, 머서Mercer 가문에서 후원하는 이산화탄소연맹(CO2 Coalition)은 이산화탄소 증가를 홀로코스트 부인에 비유했던 유명한 물리학자 윌리엄 하퍼William Happer가 운영한다.[45]

하지만 더 많은 이산화탄소는 결국 더 많은 나무를 뜻하고, 그건 나름 좋은 일이다. 정말 그럴까? 아마도 그럴 것이다. 물론 나무에 따라 다르지만 말이다. 윌리엄 로런스William Laurance는 스미소니언 과학자였으며, 오랫동안 기후와 대기 중 이산화탄소 증가가 열대우림에 미치는 영향을 연구했다. 그는 이산화탄소가 늘어나면 나무 성장을 촉진한다고 기록했다. 그러나 빠르게 성장하는 나무는 느리게 성장하는 아임관층(subcanopy) 식물의 희생을 담보로 하고 있다는 점도 기록했다.[46] 앞서 지적했듯이 자원이 늘어날 때 모든 종이 같은 방식으로 반응하지는 않는다. 이 경우에는 더 많은 이산화탄소에 더 격렬히 반응하는 나무 중 일부가 선택되면서 생물다양성에 영향을 미칠 것이다. 곧이어 곤충부터 재규어까지 모든 동물의 삶에도 영향을 미칠 것이다. 일부 나무에는 이익이겠지만 숲 전체에는 그리 좋은 결과가 아닌 셈이다.

/ 식물이 관여하는 대기오염 /

인간은 식물을 방 안의 탁한 공기를 여과하는 공기 청정기라고 생각한다. 그렇기에 지금부터 하는 이야기는 조금 이상하게 들릴 수 있다. 하지만 식물은 실제로 화학물질을 공기 중으로 발산하고, 간혹 이 물질이 인간의 건강에 영향을 미치곤 한다. 이는 명확한 사례로 설명할 수 있다. 예를 들어 침입종인 털빕새귀리는 산불에 일조한다. 산불이 나면 재와 연기가 생기고 이는 대기오염에 간접적으로 영향을 미친다.

하지만 이보다 더 중요한 사실이 있다. 미국 남부에 산다면 아마 칡을 흔히 보았을 것이다. 칡은 침입성 덩굴 종으로 지구에서 가장 빨리 자라는 식물 중 하나다. 칡은 '식물 형태의 암' '남부를 집어삼키는 식물' 등등 많은 별명을 갖고 있다. 1950년대의 오래된 흑백 공상과학 영화를 보면 덩굴손이 뱀처럼 기어가 창문을 열고 집안으로 침입해 사람을 납치하는 영문 모를 괴식물이 나오는데, 나는 그 괴식물이 칡 같다고 생각했다. 특히 1962년 영화인 〈트리피드의 날(The Day of the Triffids)〉에 등장한 육식성 트리피드의 모델은 칡이라는 확신이 들 정도다.

칡은 얼마나 빨리 자랄까? 현재 칡은 미국 전역의 2만 8,490제곱

그림 9.9. 미국 남동부 전역에서 볼 수 있는 침입성 덩굴 식물, 칡.

킬로미터를 뒤덮고 있으며, 추정치는 조금씩 다르지만 매년 518제곱킬로미터 이상의 땅을 점령해나가고 있다.[47] 털빕새귀리처럼 칡도 일단 자라기 시작하면 다른 식물 종을 모조리 쓸어내 종 다양성을 축소하고 풍경 전체를 지배한다(그림 9.9).

곤충이 잎을 갉아 먹기 시작하면 일부 식물은 휘발성 유기화합물(VOCs)을 공기 중에 발산한다. 그러면 주변 식물들이 이 휘발성 유기화합물을 감지하고 그에 반응해 즉시 화학 무기 생산을 준비한다. 참고로 이 물질은 대기오염원 중 하나다.

칡은 주요 휘발성 유기화합물 두 가지를 만든다.[48] 하나는 이소프렌isoprene으로 잎에서 발산된다. 다른 하나는 뿌리에서 나오는 산화질소인데, 대기 중 질소를 암모니아로 전환한 뒤 곧이어 토양 세균에 의해 산화질소(nitric oxide)로 바뀐다. 태양 빛이 있으면 이소프렌과 산화질소가 혼합되면서 오존$_{ozone}$이 만들어진다. 산화질소는 강력한 온실가스이기도 하다. 다른 식물도 휘발성 유기화합물을 만들지만, 칡은 다른 식물보다 이소프렌과 산화질소를 더 많이 만들어서 오존을 생성한다. 오존은 호흡기 조직을 손상할 만큼 산화력이 강해서 지상 오염원으로 분류된다.

대기 중 이산화탄소 농도가 높아지면 칡이 더 빨리 성장한다는 논문이 다수 발표되었다는 이야기를 이제는 해야 할 것 같다.[49] 칡은 분명히 지상을 지배할 능력이 있다. 게다가 대기 중 이산화탄소가 증가하면 오존의 지상 농도를 높이는 데 일조할 가능성, 개연성이 모두 갖춰진다. 그리고 또 다른 문제, 산불이 있다. 크세논 행성에 살지 않는 한, 기후변화와 산불의 연결고리는 익히 알고 있을 것이다. 그러나 대기 중 이산화탄소가 증가하는 현상 자체는 산불에 어떤 의미가 있을까? 큰불이 났을 때 불은 보통 식물을 연료로 삼는다. 이는 그다지 놀라운 사실이 아니다. 그리고 대기 중 이산화탄소 증가가 곧 더 많은 식물로 연결된다면 이 말은 즉, 더 많은 산불 연료가 만들어진다는 뜻이기도 하다.

만약 대기 중 이산화탄소 증가가 식물(나무)의 화학구조를 바꿔 산불에 영향을 미친다면 어떨까? 즉, 대기 중 이산화탄소가 늘어나면 나무의 연소성도 같이 증가한다면? 혹은 나무가 더 뜨거운 온도에서 불타게 바뀐다면? 앞선 연구에서 우리는 이미 이 사실을 발견했다.

최근과 근미래의 대기 중 이산화탄소 농도에서 털빕새귀리(미국 서부의 침입성 잡초)의 변화를 기억하는가? 물론 나무에서 똑같은 현상이 나타나리라 단정할 수는 없지만, 털빕새귀리가 일종의 이정표라면 자세히 관찰할 필요가 있다. 그래서 과학자들은 대기 중 이산화탄소 증가가 나무의 화학반응과 가연성에 영향을 미치는지, 영향을 미친다면 어떤 과정을 거치는지 연구하고 있다. 만약 대기 중 이산화탄소 증가가 실제로 이런 영향을 나타낸다면, 산불에서 발생하는 연기의 구성성분에는 또 어떤 영향을 줄까?

마지막 질문은 사소하지 않다. 산불로 발생하는 연기는 대기의 질과 숨을 쉬는 모든 생명체에 영향을 미치기 때문이다. 산불로 발생하는 연기에는 일산화탄소부터 산화질소, 미세 입자까지 온갖 종류의 해로운 것들을 포함한다. 연기를 들이마시면 호흡기 및 심혈관계 증상으로 응급실에 방문할 수 있고, 더 나아가 천식, 기관지염, 가슴 통증, 만성폐쇄성폐질환, 호흡기 감염, 만성 폐질환 등을 앓게 될 수도 있다. 실제로 이런 질병으로 매년 수십만 명이 사망한다. 코로나19 같은 팬데믹 효과도 악화한다.[50] 그러니 이산화탄소 자체가 이런 과정에 관여한다면 정말 큰일이 일어날지도 모른다.

물론 이 같은 사례가 전체를 대변할 수는 없으니 앞으로 더 많은 연구가 필요하다. "이산화탄소가 식물의 먹이"라고 말하는 건 매우 쉽다. 식물이 더 빨리 자라는 게 막연히 좋은 일이라고 생각할 수도 있다. 하지만 모든 식물이 이산화탄소 증가에 똑같이 반응하지는 않으며, 대기 중 이산화탄소 증가가 작물부터 잡초, 나무, 덩굴까지 식물 군락의 총체적 변화를 일으킨다는 사실을 이해해야 한다. 그제야 당신은 대기 중 이산화탄소 증가가 전 생명체에 미칠 영향을 어렴풋이 짐작하게 될 것이다. 그 결과는 '하느님 맙소사'라는 한탄이 나와도 전혀 놀랍지 않다.

Part 3

부분이 아닌
전체를 보라

우리에겐 해답보다 질문이 필요하다

이산화탄소는 식물과 상호작용하면서 인간 사회의 많은 부분에 영향을 미친다. 식량의 영양학적 품질부터 알레르기까지, 말 그대로 어디에나 영향을 줄 수 있다. 그러나 우리는 "이산화탄소는 식물의 먹이다"라는 주장이 왜 '하느님 맙소사'라는 한탄을 튀어나오게 하는지 앞에서 미리 확인했다.

이산화탄소를 좋다, 나쁘다, 하느님 맙소사 중 어느 범주로 평가하든지, 우리가 식물생물학과 이산화탄소 사이의 근본적인 무언가를 놓치고 있는 것은 확실해 보인다. 그러나 핵심은 하나다. 이산화탄소는 지구의 모든 생태계를 심각하게 바꿀 것이다. 식물이 지구의 모든 체계를 구성하기 때문이다. 이산화탄소 같은 자원이 증가하면 어떤 식물 하나를 볼 때 단순히 "와, 정말 굉장하다!" 하고 감탄만 하고 있을 수는 없다. 모든 식물이 이산화탄소에 똑같이 반응하지는 않기 때문이다. 그 격차는 지구 생태계의 구성과 활기까지 바꿀 것이다.

인간이 관리하는 농업 체계에서는 잡초가 승리하고 작물이 패배할 것이다. 인간이 관리하지 않는 열대우림 같은 자연계에서는 덩굴과 선택받은 나무 종만이 살아남을 것이고, 열대우림의 동물 종을 포함해서 생물다양성은 완벽히 무너질 것이다.

이산화탄소가 식물화학에 일으키는 변화도 무시할 수 없다. 이런 변화는 우리가 먹는 식품의 영양학적 품질부터 식물에 기반한 의약학까지, 일상의 모든 면에 영향을 미칠 것이다. 생태계에서는 포식자인 곤충을 물리치는 식물의 능력과 적절한 영양을 얻는 벌의 능력이 변하면서, 예측하지 못했던 방식으로 자연이 무너질 것이다. 식물이 자라고 움직이는 방식이 바뀌는 상황은 꽤 중요한 문제다. 적어도 한 명은 그렇게 생각할 것이다.

그러나 보수당이 "이산화탄소는 식물의 먹이다"라는 주장을 끝없이 반복하고 미국인, 심지어 전 세계인의 정신에 이 메시지를 각인한 상황은 어떻게 봐야 할까? 이는 과학자들이 이산화탄소 효과를 충분히 연구하지 않았음을 혹은 깊이 연구하지 않았음을 역설한다. 예를 들어, 2019년 미국 국립식량농업연구원(National Institute for Food and Agriculture, NIFA)의 사례를 살펴보자. 이 연구원은 미국의 여러 농업대학교에 수조 원의 연구비를 지원하는데, 여기서 이산화탄소 관련 보고는 찾기 어렵다. 아니, 전무하다. '기후변화'라는 단어 역시 찾을 수 없고 '기후 불확실성'[1] 같은 완곡한 표현만 가끔 보인다.

연구비를 지원할 때도 종종 진퇴양난에 빠지곤 한다. 예를 들어 꽃가루와 알레르기에 이산화탄소가 미치는 영향을 연구할 연구비를 받고 싶다고 가정해보자. 우리는 과학 분야의 주요 지원 기관인 미국 국립과학재단(National Science Foundation, NSF)에 연구계획서를 제출하는데, 보통은 이런 답변이 돌아온다. "이 연구는 보건 분야 주제다. 미국 국립보건원(National Institutes of Health, NIH)에 지원해야 한다." 그래서 연구계획서를 국립보건원에 보낸다. 그러면 국립보건원은 또 이렇게 답변한다. "이 연구는 환경 분야 주제다. 미국 국립과학재단에 지원해야 한다." 연방기관들은 밤샘 파티를 조르는 자녀를 어르는 부모처럼 행동한다. 이런 걸 누가 상상이나 했겠는가?

이제껏 나는 쉬운 주제 즉, "이산화탄소는 식물의 먹이이다"라는 주제 중에서도 손쉽게 얻을 수 있는, 낮은 가지에 달린 열매 수준의 설명만을 주로 했다. 이제 독자들은 이산화탄소 자체가 얼마나 중요한지 어느 정도 이해했으리라 본다. 하지만 지구의 모든 생명에 영향을 미치는 기체라면 1차, 2차, 3차, 4차로 연달아 결과가 나타난다. 마술처럼 단순히 보려는 것은 환상일 뿐이다. 그렇기에 이제는 조금 더 깊이 파고들려 한다. 우리가 아는 것은 무엇인지, 모르는 것은 무엇인지, 어떻게 행동해야 할지 생각해보자.

지금까지 대기 중 이산화탄소 증가에 따른 식물생물학의 결과 및 사례를 좋은 점, 나쁜 점, 하느님 맙소사의 범주로 살펴봤다. 상황을 분석할 자료를 아직 모두 갖추지 못했기에, 이제부터 제시할 다른 가능성은 현재로서 추측에 기반한 설명이다. 그런데도 언급할 가치는 충분하다. "이산화탄소는 식물의 먹이다"라는 무대에서 충분히 나올 수 있는 결과이며, 결국 이 부분이 더 깊은 연구를 재촉하고 연구비 지원도 촉진한다.

지겹겠지만 다시 정리한다. "이산화탄소는 식물의 먹이다." 그러나 이산화탄소가 빠르게 증가하면 식물 종마다 나타나는 효과는 다를 것이다. 어떤 종은 승리하고 일부는 패배할 것이다. 하지만 식물종이 각각 다르게 반응한다면, 이산화탄소가 진화를 일으키는 선택 요인으로 작용하지 않을까? 그 과정은 어떻게 진행될까? 다시 잡초와 제초제로 돌아가자. 이산화탄소 농도 증가는 제초제에 내성을 나타내는 잡초 수를 빠르게 증가시켜(107쪽 그림 8.3 참고) 농부와 작물 수확량의 위협물로 급부상했다. 잡초는 제초제에 민감하거나 내성을 갖는 두 가지 생물형으로 나뉜다. 민감성 생물형은 제초제에 취약한 상태이고, 내성 생물형은 제초제에 취약하지 않다. 그렇다면 대기 중 이산화탄소가 증가할 때, 두 생물형 중에서 선택이 일어나게 될까?

좋은 질문이다. 슬프게도 우리는 아직 이 질문에 답할 수 없다. 지금까지 관련 논문은 단 한 편만 발표되었다. 이 논문은 온도와 이산화탄소 농도가 동시에 상승하면 벼의 주요 잡초인 열대피(junglerice) 즉, 에키노콜로아 콜로나$_{Echincholoa\ colona}$의 내성 생물형이 급성장한다는 사실을 보여준다. 즉, 대기 중 이산화탄소 증가는 내성 생물형의 선택 요인일 수 있다.

이 논문의 결과가 보편적인 현상이라고 가정해보자. 이것이 작물과 잡초에 어떤 의미일지 생각해보라. 대기 중 이산화탄소 증가가 잡초의 내성 생물형을 촉진한다면 앞으로 잡초를 통제하는 일이 얼마나 더 어려워질지 생각해보는 것이다. 작물 생산에는 어떤 의미일지도 같이 고려해야 한다. 잡초는 작물 수확량에 점점 더 큰 위협을 가하고 제초제 효과는 약해진다? 그렇다면 전 세계 80억 인구의 식량 생산에 어떤 일이 벌어질까?

이산화탄소의 보편적인 효과인 식물의 영양학적 품질 저하 현상도 살펴보자. 우리의 지식 대부분은 당연하게도 인간이 먹는 식물에 기반을 두고 있다. 앞에서 설명한 미역취 꽃가루 연구는 예외적인 사례다. 그러나 다시 한번, 미역취 연구 결과가 보편적인 결과라고 가정해보자. 우리는 고등학교 생물 시간에 먹이사슬에 관해 배웠다. 한 생물이 다른 생물을 잡아먹고, 이 생물은 다시 다른 생물에 먹힌다. 먹이사슬의 가장 아래에는 식물이 있다. 태양 빛을 화학에너지로 바꿀 수 있는 유일한 생물이다. 식물 바로 위에는 식물의 가장 큰 소비자인 곤충이 있다. 곤충은 동물 먹이사슬의 핵심이다. 새, 박쥐, 파충류, 양서류, 어류의 주요 먹이이자 꽃가루받이부터 해충방제, 영양분 재활용까지 생태계에서 중요한 역할을 한다.

곤충은 바다의 모든 어류보다 훨씬 더 많으며 지상의 모든 인간보다도 많다. 가장 최근 추정치를 보면, 곤충은 500~1,000여 종이 존재하고, 지금도 거의 매일 신종이 발견된다.[2] 곤충은 말로는 설명하기 어려운 매혹적인 진화 역학으로 식물과 상호작용한다. 곤충을 포획해서 먹고 소화하는 사라세니아(식충식물), 길게 엮인 줄기로 나비의 짝짓기 행동을 모방해 꽃가루 매개자를 유혹하는(꽃가루 매개자들은 꽃과 짝짓기를 한다) 난초 등 사례의 범위는 넓고도 넓다.

최근 몇 년 동안 '곤충 대멸종'이라는 말을 들어봤을 것이다. 유럽과 북아메리카에서 곤충 개체수가 갑작스럽게 급감한 현상을 가리킨다.[3] 곤충이 얼마나 많이 줄어드는지, 세계에서 곤충이 곧 사라질 것인지(공정한 기준으로 말하면 바퀴벌레는 예외다)를 논의할 수도 있지만, 솔직히 말하자면 답은 알 수 없다. 사실 곤충이 문제라기보다 곤충 멸종으로 금방이라도 무너져 내릴 현 상황이 문제다. 〈뉴욕타임스〉가 보도했듯, 곤충을 먹이로 삼는 새들도 줄어들고 있다.[4] 지난 30년 동안 멧비둘기는 80퍼센트, 나이팅게일은 50퍼센트, 유럽 농경지에 서식하는 모든 조류의 절반 정도가 사라졌다. 이유는 무엇일까? 살충제가 원인인 것이 분명하지만 서식지 파괴도 또 다른 원인일 수 있다.

그렇다면 대기 중 이산화탄소 증가가 식품의 영양학적 품질에 미치는 영향은 무관할까? 이산화탄소 증가와 미역취의 연관성을 밝힌 논문을 보면, 최근 대기 중 이산화탄소가 증가하면 미역취 꽃가루의 단백질 함량은 30퍼센트까지 줄어들었다. 이 현상이 보편적인 결과라면, 그래서 대기 중 이산화탄소가 증가하면 영양학적 한계선이 무너지면서 곤충이 단백질 부족으로 굶어 죽는 건 아닐까?

설득력이 부족해 보인다. 그러나 캔자스주 콘자대초원 장기생태연구 프로그램(Konza Prairie Long-Term Ecological Research program)에 박사후과정생으로 참여한 엘런 웰티Ellen Welti는 흥미로운 사실을 발견했다. 그는 메뚜기가 먹는 풀을 장기간 관찰했다.[5] 콘자대초원에 자라는 풀의 질소와 인 농도는 최근 수십 년 동안 지속적으로 감소했다. 이는 이산화탄소가 풍부한 환경이 곤충의 영양 상태에 영향을 미쳐 곤충 개체수 감소에 직접 관여할 수도 있다는 사실을 암시한다. 즉, 대기 중 이산화탄소 증가가 식품의 영양학적 품질에 미치는 영향은 생태계 서식지 파괴, 살충제 사용과 더불어 먹이사슬의 기능에 영향을 미치는 핵심 요인일 수도 있다는 얘기다. 대기 중 이산화탄소 증가가 곤충의 영양분 섭취 감소로 이어진다면, 지구가 품을 수 있는 생명체는 점점 줄어들 것이다. 새와 벌, 당신과 나까지 모두. 그러므로 사람들이 "이산화탄소는 식물의 먹이다"라고 말하는 행위는 수많은 중요한 질문을 묵살하는 것과 다름없다.

기후변화의 골자

복도에서 한 동료를 마주쳤다. "이산화탄소와 온도에 관한 벼 모델 연구는 요즘 잘 돼가?" 내가 물었다.

"끝났어." 그가 답했다. 나는 복도 반대편으로 걸어가는 동료를 향해 돌아섰다.

"기다려. 뭐라는 거야? 연구비를 받은 지 겨우 1년밖에 안 지났다고." 나는 소리치며 그에게 빠르게 다가갔다.

그는 걸음을 멈추고 나를 향해 돌아서더니 히죽 웃었다. "이미 가지고 있는 온도 모델이 있어서 그냥 벼에 모델을 적용하기만 하면 됐어. 어렵지 않았어. 최종 보고서가 2주 뒤에 나올 거야."

그래도 나는 믿을 수 없어서 엉덩이에 손을 얹고 물었다. "온도에 따른 이산화탄소 반응은 어땠어?"

"그 둘은 별개야." 그는 그만하자는 뜻으로 손을 흔들며 멀어졌다.

그가 남긴 말에서 경멸이 드러났다. 슬프게도 식물생물학자들 대부분이 정말로 이렇게 생각한다.

이 광경은 방법론 일부를 보여준다. 앞서 설명했듯이 실외 이산화탄소 충전 장치인 FACE는 외부와 완벽히 차단되기 어려운 환경, 이를테면 야외에 자라는 식물에 고농도 이산화탄소를 공급해야 할 때 가장 좋은 방법으로 여겨진다. 여러분도 상상할 수 있듯이, 넓은 야외를 막지 않은 채 온도를 높이기는 정말 어렵다. 그렇기에 유용한 FACE 데이터 대부분은 온도가 아니라 이산화탄소에만 초점을 맞춘다. 물론 FACE가 표준 방법론이기는 하다. 그러나 FACE와 다른 이산화탄소 공급 방법을 비교하면, 접근 방식은 더 복잡해도 이산화탄소와 온도 데이터가 아예 없는 것은 아니다.[1] 그런데 이 데이터는 현존하는 정치적 슬로건, "이산화탄소는 식물의 먹이다"와 부합함과 동시에 "이산화탄소는 기후변화(더 높은 기온)를 일으킨다"와도 완벽히 부합한다.

나는 이산화탄소와 식물생물학을 염두에 두고 이 책을 썼다. 그러나 복도 벽장 속에 숨어있는 10톤짜리 티라노사우루스 렉스 즉, 지구 표면 온도를 높이는 데 일조한 이산화탄소와 다른 온실가스의 역할을 무시하고 언급하지 않는 일은 그 자체로 어리석다. "이산화탄소는 식물의 먹이다"라는 주장이 온실 효과(혹은 기후변화, 아니면 지구온난화, 그것도 아니면 무엇이든 여러분이 적절하다고 생각하는 표현)에 미치는 영향은 무엇일까?

기후변화에 대해서는 이미 많은 주장이 나왔으므로 여기서 그 내용을 반복하면 골치만 아플 것이다. 자세히 알고 싶다면 데이비드 월리스웰스David Wallace-Wells[2]와 나오미 클라인Naomi Klein[3]의 저서를 추천한다. 내가 할 수 있는 최선은 〈프린세스 브라이드The Princess Bride〉에서 이니고 몬토야Inigo Montoya가 했던 것처럼, 너무 많으니까 일단 정리해보자고 제안하는 것이다.

기후변화를 설명하는 데 필요한 화학과 대기물리학을 훑고자 나는 이런 설명을 덧붙이려 한다. 잠시 여러분의 기타를 빌리겠다. 나란히 있는 현 두 줄을 같은 진동수로, 그러니까 A음 기준으로 조율한다. 이제 현 하나를 튕기겠다. 그러면 옆에 있는 현은 어떻게 될까? 진동하거나 공명한다고 대답했다면 무릎을 탁 내리쳐도 좋다. 만약 두 현이 같은 진동수로 조율됐다면, 두 번째 현은 첫 번째 현에서 빠져나간 에너지를 일부 흡수할 것이다. 이것이 공명이다. 그리고 바로 이것이 대기 중의 물과 이산화탄소가 하는 일이다. 물론 물과 이산화탄소는 A음에 공명하는 것이 아니라 적외선이나 열에 공명한다. 물과 이산화탄소가 열과 만나면 공명 즉, 진동하면서 흘러나오는 에너지를 흡수한다.

공명은 정말 좋은 일이다. 이런 작용이 없었다면 지구는 훨씬 추울 것이다. 현재 14도, 머지않아 15도가 될 지구 평균 기온은 영하 18도까지 낮아졌을지도 모른다. 수증기와 이산화탄소는 생명이(어쨌든 대부분이) 살 수 있는 천연 온실 효과를 만들어낸다.[4] 그러나 한편으로는 딜레마 즉, 골디락스 역설도 나타난다. 온실가스가 너무 적으면 추워질 것이고(화성), 너무 많으면 더워질 것이다(금성).

역설은 또 있다. 대기 중 수분(상대 습도)과 이산화탄소는 함께 증가하지 않는다. 이산화탄소만 늘어난다. 그래서 지구가 따뜻해지는 순서는 차등적이다. 따뜻하고 습한 곳(열대), 수증기(습도)가 이미 '온실 효과'를 나타내는 곳은 이산화탄소가 늘어나면서 아주 조금, 더 따뜻해질 것이다. 그러나 대기가 건조한 곳(극지방이나 사막), 수증기가 적은 곳은 이산화탄소가 증가하면서 온도에 미치는 상대적인 효과가 더 크게 나타날 수 있다. 전반적으로 적도보다 극지방이 상대적으로 기온 상승효과가 크고, 사막화가 빠르게 진행된다. 사막은 더 뜨거워지고, 여름보다 겨울이 더 따뜻할 것이다. 이렇게 차등적으로 온난화가 진행된다면 당신이 상상하는 극단적인 기후가 곧 나타날 수밖에 없다.

지금 나는 중요한 것들을 대다수 생략하고 설명했다. 하지만 이것이 기후변화의 골자다. 이산화탄소 증가가 온난화에 미치는 영향은 대체로 해당 지역의 습도에 따라 달라질 것이다. 간략하게나마 설명을 들었으니, 좋든 나쁘든, 내 동료가 무시했던 질문을 다시 던져보자. 이산화탄소 증가와 기후변화는 식물생물학에 어떤 영향을 미칠까? 어떤 결과가 기다리고 있을까?

온도와 이산화탄소 농도가
동시에 높아진다면

이산화탄소가 식물생물학에 미치는 직접 효과와 이산화탄소가 온도와 기후에 미치는 간접 효과, 이제 이 두 가지를 살펴보자. 이 두 가지는 내 동료가 복도에서 주장했듯이 정말 아무런 관계가 없을까? "이산화탄소는 좋다!"라는 사실이 "더 높은 온도는 나쁘다!"라는 다른 사실을 상쇄할 수 있을까? 이것은 서로 반씩 양보해서 합의할 때만 나타나는 효과가 아니던가? 서로의 효과를 상쇄하면 결국 무효가 된다.

만약 한쪽이 다른 한쪽을 악화한다면? 온도 상승이 식물에 미치는 효과를 이산화탄소 증가 현상이 상쇄하지 않고 더 악화한다면? 이런 일이 일어날 수 있을까? 이산화탄소는 식물의 성장을 촉진하고, 온도 상승도 식물 성장을 촉진한다. 그러니 두 요인은 조화를 이루어서 이산화탄소가 더 효과적으로 식물 성장을 촉진하도록 도와야 하지 않나?

　"이산화탄소는 식물의 먹이다"라는 세계관에서 가장 많이 인용된 논문은(1991년 이후 1,100회 이상 인용) 일리노이대학교 소속 스티븐 롱Stephen Long이 발표한 〈대기 중 이산화탄소 농도에 따른 온도 상승이 광합성 생산성에 일으키는 변화: 중요성은 과소 평가되었는가?〉이다.[1] 롱은 이 논평에서 다음과 같이 말했다.

> 이산화탄소 농도(Ca)가 350마이크로몰 퍼 몰(μmol/mol)에서 650마이크로몰 퍼 몰로 증가하면 광합성(Asat)은 10도에서는 20퍼센트, 35도에서는 105퍼센트 증가하며, 광합성 최적화 온도는 5도 더 상승한다. 이런 변화 양상은 실험 결과와도 밀접하게 일치한다. 임관층에서 모의실험한 결과, 온도 상승과 이산화탄소 농도 사이에 강한 상호작용이 보였다.

Asat 즉, 광합성은 식물이 성장하는 데 필요한 탄소를 얻는 과정이다. 롱은 광합성을 활성화할 때 온도와 이산화탄소의 강한 시너지를 기대할 수 있다고 주장한다. 온도가 높아지면 이산화탄소 농도가 증가해(인용문의 "Ca" 표시를 가리킨다) 광합성을 5배 증가시킬 수 있다. 롱은 과학계가 '온도와 이산화탄소가 같이 작용했을 때 식물 성장이 얼마나 촉진되는지'를 저평가하고 있다고 명확하게 말한다. 단순하게 말해서 정말로 이산화탄소가 식물의 먹이라면 온도가 높아질수록 먹을 수 있는 먹이의 양이 엄청나게 많아질 것이다. 이는 매혹적인 발견이며, 오랫동안 과학계는 이 결론을 최종 주장으로 받아들였다. 하지만 진실은 이보다 더 복잡하다는 사실이 이미 밝혀졌다.

롱이 광합성 평가에서 이미 전제했듯이, 식물은 잎이 전부가 아니다. 식물에는 잎뿐만 아니라 씨앗과 열매도 있고 꽃가루도 있으며, 흥미롭게도 이들은 다시 한번 잎과 대조를 이룬다. 꽃가루는 온도에 민감하다. 꽃가루의 최적온도는 잎의 최적온도보다 5~10도 낮다(표 12.1). 그렇기에 온도가 높아지면 꽃가루의 생존력은 낮아진다. 이렇게 되면 식물은 생식 능력을 잃을 수도 있다. 이 사실이 광합성에, 그리고 더 중요하게는 종자 수확률을 촉진한다는 고농도 이산화탄소 역할에 영향을 미치지 않을까?[2]

표 12. 1. 다양한 작물의 최적온도

작물	식물 생장 최적온도(℃)	개화 최적온도(℃)	개화 부적합 온도(℃)
목화	34℃	25~26℃	35℃
옥수수	28~35℃	18~22℃	35℃
땅콩	31~35℃	20~26℃	39℃
쌀	28~35℃	23~26℃	36℃
수수	26~34℃	25℃	35℃
콩	25~37℃	22~24℃	39℃
밀	20~30℃	15℃	34℃

출처 | Data adapted from Jerry L. Hatfield, Kenneth J. Boote, Bruce A. Kimball, L. H. Ziska, Roberto C. Izaurralde, D. R. Ort, Allison M. Thomson, and D. Wolfe, "Climate Impacts on Agriculture: Implications for Crop Production," Agronomy Journal 103, no. 2 (2011): 351.70.

광합성은 식물이 빛 에너지를 이용해서 탄소(최종적으로는 이산화탄소)를 채집하는 과정이며, 이 반응은 저장소의 유무에 좌우한다. 즉, 탄소가 필요하고, 탄소가 모이는 저수지 혹은 저장소가 반드시 있어야 한다. 만약 저장소가 제한적이거나 없다면, 광합성은 대사 비용을 치러야 하므로 느려진다. 이를 보통 '피드백을 통한 억제'라고 한다.

당신도 짐작했겠지만, 가장 큰 탄소 저장소는 자라나는 씨앗과 열매다. 씨앗과 열매는 단백질, 당, 탄수화물로 이루어진 거대 탄소 덩어리이자 중요한 저장소다. 씨앗이나 열매가 없으면 생식도 할 수 없다. 하지만 이 저장소에 무언가가 영향을 미친다면, 가령 기온이 높아진다면, 꽃가루는 생식 능력을 잃고 열매는 맺히지 않을 것이다. 그리고 탄소 저장소는 줄어들 것이다. 탄소 저장소가 줄어들면 광합성을 할 필요성도 사라진다. 증가한 이산화탄소 농도에 식물이 다양한 반응을 보였던 것처럼 이번에는 광합성 기능이 퇴화할 것이다.[3]

온도와 이산화탄소가 광합성과 성장을 항상 촉진하는 상승효과를 내며 식물계와 조화를 이루리라는 롱의 발견과는 다르게 모든 식물이 광합성을 하는 것은 아니다. 게다가 온도가 조절하는 균형 상태가 나타난다. 사실 롱이 '이산화탄소 촉진 작용'이라는 측면에서 온도가 저평가되었다고 주장한 이후, 이 주장을 식물 전체 혹은 실외에서 확인한 연구는 거의 없었다. 반면 온도가 이산화탄소의 긍정적인 효과를 무력화할 수 있다는 주장은 많은 연구에 등장한다.[4] 어떻게 그럴 수 있을까? 첫 번째는 내가 방금 설명했던 방식 대로다. 온도가 탄소 저장소를 제한해서 광합성이 줄어들고, 식물은 늘어난 이산화탄소를 활용할 수 없게 된다. 그러나 이산화탄소가 일으키는 또 다른 생리적 결과에는 주목할 필요가 있다.

식물은 '호흡'한다. 특히 식물은 잎에서 수분을 내보내는 대신 이산화탄소를 얻는다. 매우 불평등한 교환이다. 대부분 식물은 물 분자 1,000개와 이산화탄소 분자 1개를 맞바꾸기 때문이다. 그래서 이산화탄소가 늘어나면 기공(잎에 있는 공기구멍으로 물과 이산화탄소를 교환하는 장소)은 그에 반응해 닫힌다. 이산화탄소가 더 늘어나면 기공은 크게 열릴 필요가 없으며, 물과 이산화탄소의 교환 반응 속도는 식물에 더 유리한 쪽으로 진행된다. 그러나 여기에는 대가가 따른다. 수분이 적게 증발하면 기화 냉각(evaporative cooling)이 줄어들어 식물 온도가 높아진다. 식물 주변과 임관층도 온도가 올라간다. 꽃가루 온도도 높아진다. 만약 온도와 이산화탄소가 동시에 증가하면 온도만 높아졌을 때보다 수확량은 훨씬 더 줄어들 것이다.

그림 12.1은 필리핀에서 실시한 벼 야외 실지 실험 결과다.[5] Y축의 '여문 벼 이삭 백분율'은 꽃가루가 수정된 후 발달한 씨앗의 수를 나타낸다. 90~100퍼센트 사이 지표는 꽃가루가 생식 능력이 있으며, 씨앗이 90~100퍼센트 수준으로 여물었다는 뜻이다. 그러나 온도가 높아지면 생식 능력이 있는 꽃가루는 감소하며, 그 효과로 여무는 씨앗 수도 줄어든다. 이는 당연한 결과다.

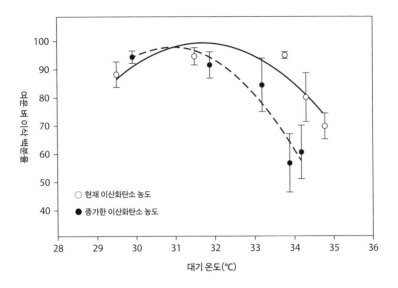

그러나 그림 12.1에서 정말 흥미로운 사실은 대기 온도가 높아지면
증가한 이산화탄소 농도(650피피엠) 상태일 때 씨앗이 여무는 비율이
훨씬 더 빠르게 줄어든다는 점이다. 왜 그럴까? 이산화탄소가 잎의
기공 크기를 줄여서 기화 냉각량이 감소하기 때문이다. 그러면 대기
온도가 변하지 않더라도 식물은 더 높은 온도를 체감하게 된다. 결과
는? 꽃가루 생식 능력이 크게 낮아진다. 세계의 가장 중요한 식량인
벼는 기온극단에 훨씬 더 취약한데, 평균 온도가 높아질수록 기온극
단 현상은 심각한 수준으로 증가할 것이다.[6]

/ '성장 촉진'이라는 허상 /

이산화탄소는 광합성과 식물 성장을 촉진할 수 있다. 그러나 연구를 거듭할수록 온도와 이산화탄소가 함께 증가하면 성장 촉진 효과는 없으리라는 사실이 드러난다. 오히려 씨앗 수확량은 줄어들 수도 있다. 이 현상은 콩과식물, 밀, 수수, 벼, 옥수수에서 관찰되었다.[7] 이산화탄소는 식물의 먹이일 수 있지만, 지금까지 나온 결과로 볼 때 이산화탄소는 식물의 온도 민감성을 악화한다. 즉, 높은 온도와 높은 이산화탄소의 계절이 끝날 즈음이면 잎이 매우 큰 식물이 등장하게 될 것이다. 그리고 이 식물은 열매를 맺지 않을 것으로 보인다.

롱의 최초 관찰과 상반되는 결과다. 그러나 과학에서는 언제나 그렇듯이 관점이 중요하다. 잎의 관점에서 생각하는 것이 꽃의 관점에서도 항상 좋은 예측 변수일 수는 없다. 꽃의 관점에서 관찰한 사실은 뿌리 생물학에 대해서는 아무것도 알려주지 않는다. 뿌리 생물학 역시 식물 개체에서 일어나는 일을 전부 보여주지 못한다. 그리고 식물 개체에서 일어나는 일은 생태계가 어떻게 반응할지 온전히 가르쳐주지 않는다.

특정 온도에서는 이산화탄소가 작물 수확량에 영향을 미치지 않을 수도 있다. 그러나 다시 한번 강조하건대, 포괄적인 결론을 내리기 전에 더 많은 정보를 확인해야 한다. 온도와 이산화탄소가 개별 문제가 아니라는 점은 명확하다. 롱의 1991년 논평이 시사하듯 일부 조직(여기서는 잎) 수준에서만 연구하고 모든 것을 다 안다고 주장할 수는 없는 노릇이다. 광합성 연구는 유용하지만, 이 결과를 지구 전체로 확대해석하거나 충분히 연구하지 않은 채 모든 상황에 들어맞는다고 주장하면 곤란하다. 우리는 더, 더 많이 알아야 한다.

Part 4

이산화탄소를 둘러싼
정치 운동

시스템의 균열

요즘은 기후변화 관련 청원이 많다. 학생 시위부터 수업 거부, 보이콧, 거리 시위, 영상, 연설, 소셜미디어, 배우와 정치인의 트윗까지 다양한 형태다. 그러나 내가 알기로 이 중에서 증가하는 이산화탄소가 식물생물학에 미치는 세계적인 영향에 초점을 맞춘 청원은 없다. 대중은 이 부분에 대해 알고 싶지 않은 듯하다. 왜 그럴까?

화석연료 산업계는 "이산화탄소는 식물의 먹이다"라는 프레임을 도입하고 증식할 때 이 지점을 아주 영리하게 활용했다. 그들은 〈푸른 지구는 계속된다〉와 같은 영상을 이용했다. 물론 서문을 읽었다면 알겠지만, 이 영상은 내게도 책임이 있다. 간결한 구호를 끊임없이 반복하는 산업계의 끝없는 홍보 운동은 세계적 슬로건으로 재탄생하며 성공을 거뒀다. 이 간결한 구호에는 진실이 한 조각 들어있어서 특히나 더 지독하다. 이산화탄소가 식물의 먹이라는 점은 부인할 수 없다. 사실이기 때문이다. 이산화탄소는 식물 성장을 촉진한다. 이것도 사실이다. 식물 성장을 촉진한다는데 어떻게 나쁘다고만 말할 수 있겠는가. 나무는 좋은 것이다! 나무를 끌어안으라, 위선적인 진보주의자들이여!

"이산화탄소는 식물의 먹이다"라는 구호에 짧고 쉬운 구호로 반박하기는 어렵다. "음, 그건 때에 따라 다르지 않을까…"라는 반응은 먹히지 않는다. "이산화탄소는 식물의 먹이다"라는 구호는 멋진 범퍼 스티커로 만들 수 있다. "기후변화가 지구 생태계에 부과할 완벽한 참상에 비하면 유익한 식물 반응은 그게 무엇이든 하찮은 일부에 지나지 않는다"라는 구호는 그렇지 않다. 이 구호를 나누어 붙인 차 두 대를 나란히 달리게 하지 않는 한 말이다.

그래서 슬로건이 강력한 것이다. 내가 몇 년 전 미국 의회에 갔던 일을 예시로 들어 그 이유를 설명해보겠다. 나는 농업위원회 위원들에게 기후변화와 작물 생산에 관한 배경지식을 알려주고자 기후변화와 잡초생물학을 강연했다. 의회에 가면 직원들도 만나게 되는데, 의회 직원들은 의회의 심장이자 영혼이다. 내가 연구 결과를 발표하는 동안, 한 직원은 내게 하원의원들이 이산화탄소와 관련된 농업 연구 기금을 증액하지는 않을 거라고 말했다. 의원들은 '인터넷 도서관'인 구글을 검색해서 이산화탄소가 식물에 좋다는 결과를 알아냈다고 덧붙였다.

구글에 대항할 수는 없다. 하지만 내가 마지막으로 확인했을 때, 해당 웹사이트에 '진실검증기' 같은 것은 없었다. 이런 논리라면 누가 과학 연구 기금을 지원하겠는가? 새로운 연구를 시작할 필요는 있을까? 그냥 지어내면 된다. '탈진실'로 돌아서면 된다. 동료 과학자들 사이에서 '대안 진실'이란 대체 무엇일까?

지식은 중요하다. 비판적 사고는 필수다. 문제 제기는 결정적이다. 왜냐고? 허구에서 사실을 분리하는 데 필요하기 때문이다. 이것들이 없다면 우리는 상대방의 말이 진실인지 아닌지 느끼기만 하고 확인할 수는 없다. 과학에서 가설을 세우는 이유도 이 때문이다. 우리가 뭔가를 했다고 가정해볼까? 만약 그렇게 한다면 어떤 일이 일어날까? 우리는 증거를 원한다. 어떤 권위자든 "내가 그렇게 말했으니까"라고 말할 때 회의적인 반응이 나오는 것은 당연하다.

거대하고 강력한 이익단체는 요란한 나팔 소리를 울리며 열성적인 재능과 확신에 찬 언어로 "이산화탄소는 식물의 먹이"이며, 더 많은 이산화탄소는 지구에 유익하고, 새로운 에덴동산의 전조라고 주장하고 싶어 한다. 그러면서 그 선전 구호를 기후변화 회담의 정치적 난국에 투사한다. 이 예언자들은 누구일까? 더 자세히 알고 싶다면 2019년 5월 '생물다양성에 관한 UN 보고서'를 중점 사안으로 열린 의회 청문회 현장을 참고하자.[1] 당시 UN 보고서는 기후변화로 최대 100만 종이 멸종 위기에 처했다고 명시했다. 공화당은 이에 대응할 전문가 두 명을 초청했다. 한 명은 마크 모라노Marc Morano였는데, 그는 이전에 유명 환경 운동가 러시 림보Rush Limbaugh의 제작자로 일한 바 있다. 그런데 현재는 오클라호마주 상원의원 제임스 인호프James Inhofe(오클라호마주 석유 및 가스 산업계에서 많은 돈을 받는 의원이다. 얼마나 놀라운가!)의 홍보부장으로 일한다. 마크는 과학 관련 학위는 없지만 아주 절묘하게도 조지맨슨대학교에서 정치과학 학사 과정을 밟았다. 그는 '기후변화 부정 세계관의 매트 드러지Matt Drudge(자신의 온라인 가십 잡지에 모니카 르윈스키 스캔들을 터뜨려 대박을 낸 가십 칼럼니스트─옮긴이)'라고 불린다. 마크는 청문회에서 "인간이 환경으로 내보내는 이산화탄소는 지구에 사는 생명체를 구원한다"라고 증언했다.

두 번째 전문가는 패트릭 무어Patrick Moore였다. 무어는 브리티시컬럼비아대학교에서 생태학 박사 학위를 받은 뒤 홍보 회사를 운영하면서 광업, 벌목업, 원자력산업, PVC 제조업, 생명공학계 등 다양한 분야에서 홍보를 맡아왔다. 그는 이산화탄소에 대해 뭐라고 증언했을까?

"이산화탄소를 환영하라고 말하고 싶다. 이산화탄소는 물과 함께 지구에 생명을 주는 물질이며, 세상에 좋은 일을 많이 하고 있다."

보았는가? 더 많은 이산화탄소가 대기에 있다면 모든 게 다 좋다고 말한다.[2] "이산화탄소는 식물의 먹이다"라는 주장이 반복되는 현장을 멀리서 찾을 필요도 없다. 그러나 이 중에서도 장황하기로는 윌리엄 하퍼William Happer를 따라갈 자가 없다. 하퍼는 미국 국가안전보장회의(National Security Council, NSC)의 상급 위원이자 프린스턴대학교 물리학 명예교수다. 그는 "이산화탄소를 악마화하는 것은 히틀러가 가난한 유대인을 악마화한 것과 같다. 이산화탄소는 유대인처럼 실제로는 세계에 유익하다"라고 했다.[3] 아, 그렇구나. "이산화탄소는 식물의 먹이다"에 반대하는 일이 집단학살에 동조하는 일이 될 줄 누가 알았을까?

게다가 진보당의 반응은 또 어떤가? 영 시원찮다. 이산화탄소는 괜찮을 거라는 식이다. 왜냐고? 기후변화는 다른 요인이나 온도 혹은 영양분 혹은 기타 등등의 이유로 달라질 수 있기 때문이다.[4] 더 중요한 문제는 녹아내리는 만년설과 가라앉는 북극곰 같은 기후변화다. 그렇다, 이산화탄소는 식물의 먹이지만, 한쪽만 보지 말고 반대쪽을 좀 보라. 정치적으로 이 주제는 흑백논리처럼 보이게끔 조작된다. 과학적으로 보면 물론 복합적인 문제다. "당신은 틀렸고, 나는 옳다!"라는 식의 정치적 보루로는 정리가 안 될 만큼 훨씬 더 복잡하다.

과학이 말하길

지구 생명체가 식물생물학에 의존하고 있고, 전 세계 모든 식물 종이 대기 중 이산화탄소 농도의 영향을 받는다는 점을 고려할 때, 아마 당신은 당연히 모든 정보 연구 기관이 이 문제를 이해하고 해결하려고 협력해야 하지 않나 생각할 것이다. 여기에는 미국 질병통제예방센터(CDC)가 진행하는 대기 중 이산화탄소 증가가 식품 알레르기에 미치는 영향 연구나 미국 식품의약국(FDA)이 실시하는 대기 중 이산화탄소 증가가 식물 기반 의약품에 미치는 영향 평가도 포함된다. 또한 미국 국립보건원(NIH)이 대기 중 이산화탄소 증가가 식물의 영양과 식물이 일으키는 알레르기에 미치는 영향을 연구하는 일, 미국 마약단속국(DEA)이 대기 중 이산화탄소 증가가 마약성 식물 생산에 미치는 영향을 연구하는 일을 들 수 있다. 그러나 당신의 생각은 틀렸다. 어디에서도 그런 노력은 하지 않는다.

"이산화탄소는 식물의 먹이다"를 반복해서 외치는 보수 정치인들이 의외로 흥미를 보일 수도 있지 않냐고? 만약 이산화탄소가 캔맥주 이후 가장 위대한 발명이라면, 그들은 기후변화 토론에서 홍보하는 일 외에도 이산화탄소의 영향력에 관한 연구를 지원할 수도 있을 것이다. 보수 정치인들은 마리화나 재배자를 본받아 이산화탄소에 가장 반응성이 높은 마리화나 품종에 투자하는 식으로 경제를 활성화할 수 있는 위인들이니 말이다(고마워요, 존 베이너John Boehner).[1] 하지만 과연 그들이 미국 농부들이 이산화탄소에 가장 반응성이 높은 밀 품종을 재배하도록 도울까? 아니면 사과나 다른 작물이라도? 그렇지 않다. 보수 정치인들은 연구 결과를 가리키며 "봤지? 이산화탄소는 식물의 먹이야!"라고 말한 뒤, 진보주의자에게 가운뎃손가락을 날리면서 자신의 자존심을 지킬 뿐이다.

당연한 말이지만 이 중 어떤 일도 일어나지 않았다. 왜일까? "이산화탄소는 식물의 먹이다"는 과학적 주장이 아니라 "초록색은 이롭다"라는 가정으로 감싼 정치적 주장이기 때문이다. 그리고 불행히도 대중은 이 주장의 낚싯바늘과 낚싯줄, 봉돌, 아니 낚싯대까지 모두 삼켜버렸다.

그러나 정치 선전을 목적으로 일부 수행된 과학 연구는 내게 과학으로 보이지 않는다. 정치적으로 보수든 진보든 중립이든 상관없이, 누군가의 믿음을 지지하기 위해 끌어낸 결과는 무엇이든 신뢰할 수 없다. 모든 정치인이 헌신을 맹세해야 할 단 하나의 자명한 이치가 있다면 바로 굳건한 과학이 정책 입안의 토대가 되어야 한다는 사실뿐이다. 과학이 먼저고, 그다음이 정치다. 반대로 하면 민주주의는 파괴된다. 그리고 현실은 지워진다.

이 책에서 설명한 이산화탄소의 좋은 점, 나쁜 점, 하느님 맙소사는 대기 중 이산화탄소가 증가하면서 식물이 나타내는 반응을 살피고, 앞으로 나타날 가능성이 있는 현상을 토대로 한다. 이런 반응은 엄청나게 심각하거나 심각해질 것이고, 지구온난화와는 별개 문제다. 이 사실은 현재의 사고방식과 맞지 않고, 대중 토론도 진행되지 않으며, 과학 연구도 거의 이루어지지 않는다.

나는 해수면 상승, 허리케인, 물에 잠기는 북극곰 연구에 반대하지 않는다. 이런 현상과 기후변화 사이에는 명확한 연결고리가 있다. 이 문제들은 중요하고 세계적인 현상이며, 수많은 생명체에 영향을 미칠 것이다. 그러나 식물도 높아지는 이산화탄소 농도에 반응한다. 앞서 설명한 내용이 유익했기를 바란다. 식물은 지구의 모든 생명체에게 본질적이고 근본적이며, 필수적인 존재다. 인간의 생존과 문명에 없어서는 안 된다. 식물이 성장하는 데 필요한 근본적인 자원을 바꾼다면, 모든 생명체가 바뀔 것이다. 이 변화가 모두에게 똑같이 유익하리라고 추정할 수 없으며, 그렇게 추정해서도 안 된다.

"이산화탄소는 식물의 먹이다"라는 주장은 기후변화의 결과를 변명하거나 상쇄할 빛나는 미사여구가 아니다. 어쩌면 그 정도 가치로 전락하는 게 기후변화 부정론자들의 목표일지도 모른다. 우리가 가진 데이터를 토대로 볼 때, 지구가 에덴동산과 비슷한 환경으로 바뀌지는 않을 것 같다. 농업 시스템에서 살펴본 것처럼, 대기 중 이산화탄소 증가가 모든 식물 종의 성장을 균일하게 촉진하는 대신 유전자가 더 빨리 바뀌고 환경 적응력이 더 뛰어난 식물 종(즉, 잡초)의 성장만 촉진한다면, 생태계 전반에서 승자와 패자가 나타날 것이다.

이 마지막 부분이 중요하다. 그렇다, 더 많은 대기 중 이산화탄소는 식물을 더 잘 자라게 할 수 있지만, 모든 식물이 균일하게 자라게 하지는 않는다. 그리고 이런 반응의 차이는 종 다양성, 식물 간의 경쟁, 식물화학, 그리고 결국에는 진화에 영향을 미칠 것이다. 식물뿐만 아니라 우리 인간을 포함한 모든 생명체에 해당하는 이야기다.

반대로 진보주의자들은 "이산화탄소는 식물의 먹이다"라는 주장을 결코 무시하거나 묵살할 수 없을 것이다. 식물이 성장하는 데 이산화탄소가 필요하다는 것은 기본적인 생물학적 진실이기 때문이다. 식물은 지금보다 이산화탄소 농도가 훨씬 더 높았던 과거에 진화했고, 대기 중 이산화탄소 농도가 서서히 높아지면 그에 맞춰 반응할 것이다. 그리고 우리는 그 반응을 이해해야만 한다. 높아지는 대기 중의 이산화탄소 농도와 그 영향력을 고려할 때, 해수면 상승이 아니라 식물생물학이 모두의 관심사에서 우선되어야만 한다.

그러나 슬프게도 현재, 이산화탄소와 식물생물학 문제는 이념의 균열 사이로 추락했다. 연구는 진행되지 않으며 무지가 넘쳐난다. 기후변화와 마찬가지로 "이산화탄소는 식물의 먹이다"라는 주장은 정치가 아니라 과학 문제로 받아들여야 한다. 물론 대중은 그렇게 생각하지 않는다. 그 이유를 알아보고자 나는 아이오와주 농부들과 전화 인터뷰를 진행했다. 이 인터뷰를 성사하도록 도와준 아이오와주립대학교 농업경제학부 교수 유진 타클Eugene Takle에게 감사를 전한다. 유진은 인터뷰 방식에 대해서도 내게 친절히 설명해줬다.

진행자: 봄에 비가 더 많이 내리고, 날씨가 불확실하고 극단적으로 변했나요?

농부: 아, 그럼요. 씨를 뿌리고 추수하기에 알맞은 날씨는 점점 줄어들고, 폭풍과 홍수는 늘어나고 있죠.

진행자: 전에 못 보던 새로운 잡초나 곤충, 식물 병을 본 적 있습니까?

농부: 물론이죠. 누가 그러는데, 농지에 칡이 자란다더군요! 억새도 있어요. 침입성 잡초인데 심각해요. 좋은 현상은 아니죠.

진행자: 새로운 기반 시설에 투자하고 있습니까?

농부: 많이 했지요! 날씨가 좋을 때 씨를 빨리 뿌릴 수 있게 새 파종기를 샀어요. 토관 배수시설도 새로 해서 홍수에도 대비했습니다.

진행자: 기후변화가 사실일까요?

농부: 그럴 리가요. 그건 앨 고어AI Gore나 하는 말이죠.

이제 내가 변명을 좀 해보겠다. 나도 과학이 완벽하지 않다는 사실을 인정하지만, 앨 고어가 벼락부자가 되려고 '기후변화'라는 말을 지어낸 건 아니다. 만약 그것이 진실이라 해도 조사가 끝날 때까지는 기다려줘야 하지 않을까? 이산화탄소가 전자기 스펙트럼 중에서 적외선 영역의 열을 흡수하는 온실가스가 아니라는 증거가 있다면 함께 확인해보자. 이산화탄소가 잡초는 제외하고 작물의 성장만 촉진한다는 증거가 있다면 알려주기를 바란다. 만약 이런 증거가 없다면 이 책을 계속 읽기를 권한다.

과학자들은 항상 과학에 의존하므로 과학자들이 편향되었다고 말하기는 쉽다. 그러나 과학은 여전히 희망과 낙관론을 표현하는 최고의 방법이다. 주변 세계를 탐구하려는 인간의 욕구는 예술, 문학, 음악으로 자신을 정의하려는 것처럼 인류의 본질이자 본성이다. 그리고 과학은 제 역할을 해냈다. 하지만 아무리 노력하더라도 인간은 실수하기 마련이다. 다행히 과학의 핵심은 회의주의다. 만약 이 책을 읽는 독자가 과학자라면, 학회에서 연구 결과를 발표했을 때 질문을 받게 되리라는 걸 알고 있을 것이다. 이것이 진실을 발견하는 방법이다. 진실은 연구 논문 한 편으로 발견할 수 있는 게 아니다. 시간이 흐르고 질문이 쌓이면서 장애물을 뛰어넘어야 비로소 발견할 수 있다.

무언가가 잘못되었다고 생각한다면 도전하라. 그러나 당신의 종교적 관점이나 정치적 성향, 당신만의 느낌과 다르다는 이유로 도전하지는 마라. 당신 자신이 세운 가설과 실험 결과를 가지고 도전하라고 말하고 싶다. 당신이 무엇을 했는지 기록하고, 다른 사람이 그 기록 및 작업을 검토하게 하라. 다른 사람이 똑같은 결과를 재현할 수 있다면 그 가설은 추구할 가치가 있다.

과학에서 완벽한 업적은 없지만, 과학은 스스로 교정할 수 있다. 저온핵융합을 기억하는가? 모른다고 해도 괜찮다. 그 부분이야말로 과학에 감사하면 될 일이다. 과거에 장애물과 부딪쳤을 때, 과학은 장애물을 극복했다. 태양 빛에서 전기를 만든다? 해냈다. 사람을 달에 보낸다? 이것도 해냈다. 소아마비를 치료한다? 물론 해냈다. 과학은 연구하고 분석하고 문제를 해결하는 실용적인 방법이다. 아스피린부터 시계, 문고리, 자동차, 전자레인지, 비행기까지, 우리는 매일 과학을 이용하는 사람들이다.

농업도 예외가 아니다. 사실 농업 연구는 수많은 고등교육기관, 랜드 그랜트 칼리지(많은 기관의 이름에 붙은 'A'가 농업을 뜻한다. 텍사스 A&M이나 노스캐롤라이나 A&T를 예로 들 수 있다)가 중요하게 여긴 과학의 핵심 분야였다. 미국이 여전히 '세계의 곡창 지대'로 불릴 수 있는 것도 다 과학 덕분이다.[2]

연방 정부는 두 개의 주요 기관을 통해 농업 연구를 지원한다. 바로 미국 농업연구소(Agricultural Research Service, ARS)와 미국 식량 농업연구소(National Institute of Food and Agriculture, NIFA)다. 두 기관은 모두 미국 농무부 산하 단체다. 솔직히 좀 이상한 방식이라는 생각도 든다. 연방 정부가 과학 연구에 쏟는 수많은 달러는 미국 국립과학재단(National Science Foundation)과 미국 국립보건원(National Institutes of Health)에서 나오는데, 농업의 과거 이력 때문인지 농업 분야 연구만 늘 기관이 분리된다. 미국 농업연구소는 미국 농무부의 '내부' 연구 부서다. 이와 대조적으로 미국 식량농업연구소는 대학의 농업 연구를 주로 지원하는 부서다.

만약 강성 보수주의자들의 주장대로 기후변화가 세금을 훔치려는 계략이라면, 기후변화 연구를 주관하는 연방 정부 기관으로 돈이 나이아가라 폭포처럼 흘러갈 것이다. 게다가 액수도 엄청날 것이다. 정말 그런지 살펴보자. 그림 14.1은 2001~2018년 사이에 연방 정부에서 지원한, 기후변화 연구를 포함한 모든 농업 연구 상황을 보여준다 (2001년 기준 달러 가치로 표시).[3] 그런데 농업 연구에 들어간 돈의 액수, 초라하기 그지없다. 대기 중 이산화탄소 증가 관련 연구에 지원이 없었을 뿐 아니라 미국 농업이 마주한 장애물을 해결하는 그 어떤 연구에도 지원이 없었다. 그러니 나이아가라 폭포만큼은커녕 물이 새는 수도꼭지만큼도 안 된다.

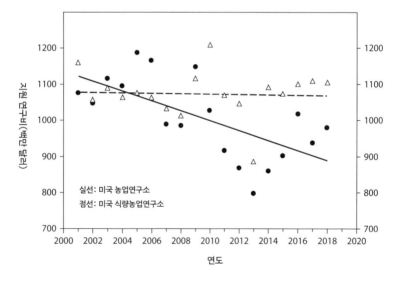

그림 14.1. 미국의 주요 농업 연구 기관인 미국 농업연구소와 미국 식량농업연구소의 예산(2001년 기준 달러 가치로 표시했다).

어쨌든 과학자들이 연구비를 받으려고 지원하는 것 같지는 않다. 과학자들이 연구비를 지원받으려면 계획서를 제출하는 건 맞다. 사실 과학자들은 돈을 구걸하는 데 상당히 많은 시간을 들인다. 아마 주어진 시간의 50퍼센트를 허비한다고 해도 과장은 아닐 것이다. 정확히는 구걸이 아니라 연구비 신청서를 만든다. 우리가 세운 가설과 계획, 이 연구의 중요성을 설명하고 예산을 산정한 뒤 추천서를 모은다. 그리고 여기에 참고문헌을 덧붙인다. 운 좋게 연구비를 받더라도 행정직원들이 제 몫을 떼어가고(들어오는 연구비의 10~100퍼센트, 그 사이 어디쯤), 우리는 다음 연구비를 받기 위해 또다시 고군분투한다. 외부에서 연구비를 받아오지 못하면 우리는 해고된다. 믿기지 않는다고? 다른 과학자들에게 확인해보라.

어쩌면 '청원'이라는 단어가 이 과정을 더 정확하게 표현할 수 있을 듯하다. 그러나 정치인들이 마음대로 한다면, 그래서 연구비가 정치인의 신념을 강화하는 과학자에게만 주어진다면, 이 모든 과정은 '시간 낭비'에 가까울 것이다.

이산화탄소에 관한 마지막 퍼즐

"이산화탄소는 식물의 먹이다!"

"계속 그 말씀만 하시는군요. 저는 그 말이 당신이 말하려는 뜻과 다르다고 생각합니다."

(영화 〈프린세스 브라이드〉에 또 미안할 일을 해버렸다.)

요점, 마지막 기회, 혹은 최후의 무화과 잎(난처하거나 어색한 상황을 감추고 싶을 때 사용하는 말─옮긴이)은 단순하다. '기후변화'와 '이산화탄소는 식물의 먹이다'가 정치적 슬로건으로 남아있는 한, 과학 연구는 휘청일 것이고 진행된 연구는 필요를 충족하지 못할 것이다. 대중은 웬만해서는 연구의 필요성을 느끼지 못하는데, 이 문장이 정치색을 반영하기 때문이다. 이는 견해의 문제이기도 하고 말 그대로 정치 문제이기도 하다. "이산화탄소는 식물의 먹이다"는 신념의 문제일 뿐, 사실의 문제가 아니게 된다.

정치를 넘어서야만, 관점이 아닌 증거의 문제로 확립할 수 있어야만 이 문제를 해결할 수 있다. 문제에 대응하려면 우리는 문제의 범위를 알아야 한다. 따라서 즉시, 빠르게 과학 연구를 시작해야 한다. 그러나 우리는 진퇴양난에 빠졌다. 우리는 과학 연구를 할 수 없다. 왜냐하면 이 문제는 진짜 문제가 아니라 여러분도 알다시피 그저 견해 차이일 뿐이며 정치적 탈진실, 대안적 사실이기 때문이다.

문제는 또 있다. 본질적으로 보수주의자들은 정부는 악하고, 그렇기에 정부가 주도한 연구는 결함이 있다고 믿는다.[1] 공적으로 지원한 농업 연구의 모든 비용이 35~100퍼센트의 연간 수익률을 기록한다 해도[2] 그들은 그냥 믿지 않을 것이다. 농업 연구개발의 공적 자금 수익률이 이토록 높은 주요 이유는 이 지식과 기술이 다른 산업계 및 영역에서 폭넓게 적용되는, 이른바 '파급 효과' 때문이다. 연구자금 지원은 미국 농업에 필수 요소였다. 그리고 이런 연구 노력으로 미국은 세계를 이끄는 농업 생산국이자 세계 최고의 식량 수출국으로 자리매김했다.[3]

인간의 근본적인 특징이자 성공과 실패를 가르는 원인이 하나 있다. 그것은 변화하는 환경에 적응하려는 능력 혹은 무능력이다. 그리고 과학은 적응의 열쇠다. 우리는 인간 사회와 연관된 좋거나 나쁜 사실을 발견하려 탐구를 시작한다. "이산화탄소는 식물의 먹이다"라는 요설만 믿는다면, 늘어나는 이산화탄소가 식물생물학에서 어떤 역할을 하는지 탐구하지 않게 된다.

전 미국 농무부 과학자인 나는 늘어나는 이산화탄소의 영향을 이해하고 적응할 최소한의 대응책은 '연구'라고 힘주어 말하고 싶다. 미국 농업연구소에 소속된 과학자는 약 1,200명이다. 그중 소수만이(내가 알기로 다섯 명이 채 되지 않는다) 이산화탄소와 식물생물학을 연구한다. 불행하게도 많은 보수주의자는 과학을 진보주의의 정치적 확장이라고 생각한다. 이런 생각은 정치적 의지와 과학 지식 사이에 그랜드 캐니언만큼이나 깊은 정신적 균열을 만든다.

　내가 아는 과학자는 모두 이런 관점에 반대한다. 과학은 이산화탄소와 식물생물학에 관련된 문제를 해결할 수 있다. 그리고 이 문제들을 해결하는 데서 희망을 되찾을 수 있다. 인간이 배우고 적응할 수 있다는 희망, 이산화탄소 증가와 기후변화라는 장애물을 인내하며 잘 해결할 수 있다는 희망 말이다. 연구와 과학적 발견은 인류를 괴롭히는 모든 문제의 만병통치약일까? 그렇지는 않다. 그러나 탐구하고, 만물이 움직이는 원리를 이해하고, 세상을 더 이롭게 하려는 인간의 욕망을 발견하고 통찰하면, 그것을 토대로 우리는 언제 그랬냐는 듯 문제에 적응하고 해결책을 찾을 것이다.

　그러나 현재 식물생물학에는 두 가지 패러다임이 존재한다. 바로 '기후변화' 대 "이산화탄소는 식물의 먹이다"다. 두 가지가 동시에 일어날 수도 있으며, 하나가 다른 하나에 영향을 미칠지도 모른다. 이런 주장은 대중을 오히려 더 혼란스럽게 한다. 기존에 기후변화 문제를 전달하는 방식과 상충하기 때문이다. 보수주의자는 '이산화탄소는 식물의 먹이'라는 말을 되풀이하고, 의회 활동을 하는 환경론자들은 대기에 이산화탄소가 늘어나는 현상은 지지해야 하며, 지구온난화는 얼토당토않은 소리라고 주장한다. 그에 반해 환경 운동가는 이산화탄소가 식물에 미치는 영향은 미미할 것이며, 지구온난화로 상쇄되리라고 주장한다.

그러나 이 둘은 별개의 문제가 아니다. 나는 식물생물학과 연관된 이산화탄소 자체 영향력을 부각하려 노력하지만, 기후변화도 무시하지는 못하겠다. 이산화탄소의 영향력을 무시하는 사람들, 이산화탄소 증가가 가져오는 긍정적인 면까지도 모두 부정하는 사람들과 다르게, 나는 이 문제가 충분히 악화할 수 있다고 주장하고 싶다.

이게 중요할까? 물론 중요하다. 이 책을 여기까지 읽었다면 나는 당신이 "이산화탄소는 식물의 먹이다"라는 주장이 얼마나 문제인지 충분히 이해했으리라 본다. "이산화탄소는 식물의 먹이다"를 입증하려는 연구는 있었다. 그러나 인간이 초래한 기후변화를 정확히 이해하고 대응하려는 과학 연구 영역과 그 입증 연구를 통합하려는 노력이 한 번이라도 있었던가? 거의 없었다. 더 깊이 연구할 필요성이 적지 않은데도 말이다. 식물과 이산화탄소의 연결고리는 전 문명의 고유 특징이다. 인간이 생존하고 진보하려면 이 연결고리, 그리고 연결고리가 가져올 결과를 반드시 이해해야 한다. 그 이유를 설명하기 위해 실용적인 질문 몇 가지를 제시한다. 이제 진짜 마지막 질문이다.

이산화탄소가 식물의 먹이라는 사실, 금세기 안에 전 세계인구가 10~20억 명 더 늘어날 것임을 고려할 때 우리는 식량 생산을 늘릴 필요가 있다. 그럼 이산화탄소를 활용해서 식량 수확량을 늘릴 과학

프로그램은 왜 만들지 않는가? 100편 이상 발표된 논문에서 알 수 있듯이, 이산화탄소는 밀과 벼 같은 많은 주식의 영양학적 품질에 분명히 영향을 줄 것이다. 이 현상이 인간의 건강에 미칠 영향을 평가할 수 있도록 기록하고 수량화하지 않는 이유는 무엇인가? 이산화탄소는 식물 단백질 함량을 감소시켜 꽃가루 매개자와 같은 먹이사슬에 속한 생물에 직접적인 영향을 미치는데, 왜 이를 연구하지 않을까? 이산화탄소 효과는 '곤충 대멸종'에 기여하고 있지 않나? 더 귀여운 다른 동물은 어떨까? 가령 대나무 잎(판다의 주요 먹이다)의 영양분이 줄어들면 판다는 어떻게 될까?

대기 중 늘어나는 이산화탄소는 작물과 잡초에 분명히 다른 영향을 주며, 대체로 잡초가 더 유리한 반응을 나타낼 것이다. 이 사실은 미래의 작물 수확량에 어떤 영향을 미칠까? 세계 식량안보에 영향을 미칠까? 작물과 잡초에 다르게 나타나는 이산화탄소 효과는 살충제 사용에 어떤 영향을 줄까? 잡초를 제거하려면 제초제를 더 많이 살포해야 할까? 경제 효과는 어떻게 나타날까? 공중보건에 나타날 결과는 무엇인가?

우리는 자연의 식물 군락에서 숲의 모든 종이 이산화탄소 증가에 같은 방식으로 반응하지 않는다는 예비 증거를 찾았다. 이 사실은 생물다양성과 장기적인 생태계 기능에 어떤 영향을 줄까? 대기 중 이산화탄소가 증가하면 식물을 토대로 한 의약품에도 영향을 미칠 것이다. 선진국의 주요 의약품은 합성 물질이지만, 다른 나라에 사는 수많은 세계인이 식물로 만든 약에 의존한다. 이산화탄소 효과는 약용식물의 유용성에 어떤 영향을 미칠까?

앞서 설명했듯 만약 이산화탄소가 모르핀 생산 혹은 헤로인 생산에까지 관여하게 된다면 '마약과의 전쟁'을 지속하는 데 분명 어떤 영향을 미칠 것이다. 예를 들어 불법 양귀비 재배 면적을 25퍼센트까지 줄인다 해도, 이산화탄소 증가로 나머지 75퍼센트에서 생산량이 늘어난다면 어떻게 해야 할까? 대기 중 이산화탄소가 늘어난다면 식물의 독성(독 함유량)에는 또 어떤 결과가 나타날까? 이산화탄소 증가와 극단적인 기온, 가뭄, 홍수 같은 여러 기후변화 요인이 상호작용하면 농업, 목초지, 초원, 숲, 습지는 어떻게 될까? 늘어나는 이산화탄소 농도가 식물화학을 바꿀 수 있다면, 식품 알레르기도 걱정해야 하지 않을까?

이 외에도 다른 적절한 질문이 많지만, 다행히 당신은 이제 "이산화탄소는 식물의 먹이다"라는 주장에 우리가 얼마나 무지했던가를 깨달았다. 기후변화가 그렇듯, 이산화탄소가 식물생물학에 영향을 미치는 방식이 전 세계로 확장되리라는 사실 또한 변하지 않았다. 나는 이 일이 어떤 결과를 가져올지, 공인된 해답을 모른다는 사실을 솔직히 고백한다. 그러나 가설이나 추측, 예측, 그 무엇이든 "이산화탄소는 식물의 먹이다"에 관한 우리의 생각을 바꿀 원칙은 제시할 수 있다. 그중 분명한 것 몇 가지는 다음과 같다.

그 주장에 직면하라. 누군가가 "이산화탄소는 식물의 먹이다"라고 말하면 눈을 굴리며 상대방 생각이 어리석다고 무시할 필요는 없다. 대신 당당히 맞서라. "정말로요? 그 말은 미래에는 덩굴옻나무가 더 많아질 거라는 말인가요?"

그리고 연구하라. 내가 제대로 설명했다면, 여러분은 대기 중 이산화탄소 증가가 식물생물학에 어떤 의미인지 충분히 이해했을 것이다. 만약 내 설명이 동기를 부여하기에 모자랐다면 더 많은 이산화탄소가 인간의 건강 즉, 식물을 토대로 한 의약품과 꽃가루 알레르기, 영양분, 살충제 사용에 어떤 영향을 미칠지 생각해보라.

이런 연구를 지원하는 자금이 없다는 사실은 여전히 안타깝다. 하워드 프럼킨Howard Frumkin은 하버드대학교에서 훈련받은 의사이자 전염병학자로, 최근 미국 국립보건원이 전체 예산인 52조 원 중에서 모든 기후변화와 공중보건 연구에 겨우 117억 원만 지원했다고 지적했다. 전체 예산의 0.02퍼센트에 해당하는 액수다.[4] 이 비율을 1퍼센트로 증액하면 미국에 큰일이 날까? "이산화탄소는 식물의 먹이다"와 관련된 연구에 얼마 정도 더 지원한다고 해서 다른 연구에 돌아가는 국립보건원 연구지원금이 0퍼센트로 깎이는 것도 아닌데 말이다.

더 나아가보자. 당신이 만약 세계에서 가장 큰 식품회사 네슬레Nestle 회장이라면, 이산화탄소가 커피나 초콜릿에 미치는 영향을 연구하는 것이 현명하지 않을까? 혹은 당신이 세계에서 가장 큰 종자회사인 몬산토 대표라면, 그리고 이산화탄소가 식물의 성장을 촉진한다는 사실을 알았다면, 대기 중 이산화탄소 증가에 가장 잘 적응하는 밀이나 벼, 콩, 감자의 품종 선별에 투자해야 하지 않을까? 그리고 늘어나는 이산화탄소 자원을 이용해서 더 많은 종자를 만들어도 좋지 않을까? 그럼 더 많은 수확량을 얻을 수도 있지 않나?

만약 당신이 세상에서 가장 부자인(내가 이 글을 쓰는 현재, 자산 총액이 221조 원인 사람) 제프 베조스Jeff Bezos라면 어떤가? 이산화탄소 증가가 전 세계 빈곤층 어린이가 먹는 주식의 영양학적 품질에 어떤 영향을 미치는지 연구하는 데 재산의 1퍼센트를 투자해도 인생이 잘 못될 리 없을 것이다. 그것도 많다면 0.1퍼센트라면 어떤가?

진지하게 묻는다. 우리가 '사피엔스'라는 지위에 부끄럽지 않게 살아갈 방법은 없을까? 주절주절 잡소리가 많았다. '과학의 소통'이라는 측면에서, 과학자에게는 비과학자에게 과학을 설명할 최고의 기술이 없다. 전문용어와 과학자들끼리 주고받는 대화는 학회에서나 유용하지, 다른 사람에게는 무의미하다. 어쩌면 기후변화 뒤에 숨어 있는 모든 과학을 대중에게 명확하게 전달할 수 없는 과학자의 무능력이 가장 큰 문제일지도 모른다. 분명, 물에 잠기는 북극곰이나 해수면 상승, 산불, 허리케인 같은 상징적인 사진은 대중에게 반향을 일으키며, 이 현상들은 정확히 기후변화와 관련이 있다. 식물과학자도 식물을 더 나은 방법으로 설명할 수 있기를 바란다. 언론에서 이런 부분을 알린다면 더 좋고. "화석연료와 이산화탄소는 훌륭하다"라는 렌즈를 통하지 않고 말이다. 물론 복잡한 문제라는 것을 나도 잘 안다. 하지만 대기 중 이산화탄소의 증가는 우리가 인지하듯이 모든 생명체에 근본적인 변화를 일으킨다. 그것만으로도 언급할 가치는 충분하다.

정치는 어떻게
과학의 팔을 비트는가

한때 과학은 정치적 내분을 해결하는 심판관 역할을 했다. 양쪽 진영 모두가 그 상황에 동의했다. 그리고 나는 "우리가 해결할 수 있습니다"라는 2008년 지구온난화 광고를 기억한다. 이를 후원한 기관은 앨 고어의 기후보호동맹(Alliance for Climate Protection)이었다. 누가 나왔을까? 두구 두구 두구… 무려 낸시 펠로시Nancy Pelosi와 뉴트 깅리치Newt Gingrich가 출연했다![1] 그 뒤로 기후에 관한 두 진영의 이념적 경계선은 더 견고해졌다. 그리 놀라운 일은 아니지만, 깅리치는 나중에 그 광고에 출연했던 일을 부인하며 "이는 명백한 오해"라고 말했다.[2] 그러고는 미국 환경보호국(Environmental Protection Agency)을 폐지하라고 요구했다.

과학이 기후변화를 지지하는 쪽으로 입지를 굳히는 동안, 아이러니하게도 기후과학은 신뢰성을 떨어뜨리는 노력을 일관성 있게 일삼았다. 여기에는 몇 가지 명확한 이유가 있는데, 가장 직접적으로 연관된 것은 바로 화석연료 산업계의 이익이다. 그들은 공로를 인정받을 만한 법적 근거까지 마련했다. 이는 '돈이 곧 발언이다'라는 문구로 대변되는, '시민연합(Citizens United)'이 승소한 2010년 대법원 판결을 의미한다.[3]

이 판결은 개인과 단체가 기록 보존의 책임 없이 선거 비용을 무한정 쓸 수 있도록 허용했다. 화석연료 산업계 관점으로 판례를 설명하자면, 석유 및 가스 산업계는 2006년 연방 선거에 286억 원을 썼지만, 2012년(시민연합 판결 이후 첫 선거)에는 958억 원을 지원했다. 2016년? 1,342억 원을 지출했다. 이 액수는 세간에 알려진 숫자일 뿐이며, 여기에 검은돈이 얼마나 들어갔는지는 정확히 알 수 없다.[4] 사실 1억 달러(약 1,303억 원)를 넘는 돈은 실로 엄청난 액수지만 걱정할 건 없다. 엑슨Exxon사(미국 석유화학회사―옮긴이)는 자산이 456조 원에 달하지 않나. 백분율로 따져보면 1억 달러쯤은 엑슨사 자산 규모의 0.028퍼센트에 지나지 않는다.[5] 이런 돈이 정치판에 들어온다? 과학은 뭔가를 결정할 힘을 잃게 된다. 석유 및 가스 산업계의 후원을 받는 국회의원들이 정치자금을 무한정 받는다면, 기후변화를 해결하는 일은 국회 의제 목록의 상단에 절대 올라가지 못할 것이다.

시민연합 판결로 예기치 못한 악영향을 받은 것은 기후과학뿐이 아니다. 만약 과학이 그들의 태산과도 같은 대단한 이익에 피해를 준다면, 정치인에게 현금을 흘려서라도 그 정보가 새어 나가지 않도록 막을 것이다. 사람들의 이목을 끄는 어떤 과학 분야라도 그 연구는 멈출 수밖에 없다. 더 나아가 과학 연구를 진행할 수 없도록 규제를 만들기도 한다. 현금만 충분하다면 시간은 거꾸로 돌아간다. 더 많은 총기 소유는 환영이다. 이산화탄소는 식물의 먹이니까.

그러나 사리사욕을 추구하느라 필요 없는 지원금까지 무제한으로 쓴 결과는 무지뿐이다. 이들의 목표가 과학을 비방하는 것이라면 과학, 그리고 지금껏 과학의 토대를 이룬 실험과 증거, 사실 즉, 신념이 고통받는다. 객관적인 사실, 독립적인 신념은 사라지고 자연이나 화학, 물리학, 의학 지식은 쇠락을 맞이할 것이다. 트럼프 행정부의 검열, 과학을 부정하는 정치적 영향력은 전대미문의 사건이었다. 불안정한 정치적 관점으로 과학적 진실을 마주하면 그들은 공포를 느낀다. 과학이 그들이 내세우는 정치 주장을 무효화하고 그 관점을 세운 신념의 기반을 약화하리라는 공포심이다. 이런 정치는 마치 체험 신앙을 두려워하고 근본주의만을 강조하는 보수 종교처럼 느껴진다.

트럼프가 취임했을 당시, 이런 두려움은 분명해졌다. 실제로 그는 온 마음으로 기후과학을 격하하고 비하하며 갖은 노력을 이어갔다. 그는 틈 날 때마다 기후변화가 '날조'라고 비난했고, 미국은 파리기후변화협약에서 탈퇴했다. 현재 미국은 기후협약에 서명하지 않은 엘리트 국가 단체에 합류했으며, 여기에는 이란, 이라크, 리비아, 에리트레아, 예멘이 포함된다.[6] 이 모든 일을 하는 동안 트럼프는 아일랜드에 있는 자신의 골프 리조트를 지키는 활동에 참여했다. 해수면 상승을 대비해 인근 방파제를 높게 쌓아 올리는 사안에 지지를 표한 것이다.[7]

트럼프 대통령의 행동이 독단적인 결정은 아니다. 미국공화당이 이익을 따르다가 타락해버린 결정적인 결과일 뿐이다. 2017년에 공화당 상원의원 스물두 명은 트럼프 대통령에게 파리기후협약 탈퇴를 촉구하는 서한을 보냈는데, 서명한 상원의원 중에는 당시 상원공화당 대표였던 미치 매코널Mitch McConnell도 있다. 보수 성향의 정책연구소 40여 곳, 헤리티지 재단(Heritage Foundatio), 그로버 노퀴스트의 세금 개혁을 위한 미국인(Grover Norquist's Americans for Tax Reform), 코흐 가문의 번영을 위한 미국인(Koch family's Americans for Prosperity), 하트랜드연구소(Heartland Institute) 등도 비슷한 서한에 서명하면서 트럼프 대통령에게 미국이 모든 기후변화 협약에서 탈퇴해야 한다고 촉구했다.[8]

그러나 기후변화를 부정하는 일은 공포에 휩싸인 편협한 정치와 과학이 만들어낸 약간의 불협화음에 지나지 않는다. 코로나19 같은 팬데믹이 또다시 일어나면 그때는 무슨 일이 생길까? 우리는 어떤 선택을 할 수 있을까? 일단 기존에 했던 대로 무시하는 방법("전염병을 완벽하게 통제하고 있습니다"라는 2020년 1월 22일 입장, "중국에서의 유입을 상당량 차단했습니다"라는 2020년 2월 2일 입장처럼)이 있다. 비과학적인 치료를 제안("살균제로 1분 안에 치료할 수 있습니다"라는 2020년 4월 23일 입장)할 수도 있고, 타인을 맹비난할 수 있다("중국의 책임입니다"라는 2020년 9월 10일 입장).[9]

원인이 부정될 때, 증거가 무시될 때, 과학이 정치적 수단으로 이용될 때, 무지가 판을 친다. 당시에도 번성한 무지가 팬데믹을 부정했고, 이어서 팬데믹을 정치적 분열의 쟁점으로 탈바꿈했다. 이렇게 과학이 명확한 범주로 정의되지 않을 때, 정치와 과학의 충돌은 심각한 문제를 낳는다. 예를 들어 '기후변화와 코로나19 팬데믹 사이에 연결고리가 있을까?'라는 질문을 던졌다고 가정하자. 꽉 막힌 보수주의자는 이에 콧방귀를 뀌고 만다. 과학자는 흥미를 느끼고 해답을 찾으려 할 것이다.

이 책에서 내가 강조했듯이, 우리는 식물에 식량을 의존한다. 인구가 늘어나고 대기 중 이산화탄소가 늘어나면서 어떻게 될까? 잡초 경쟁이 본격적으로 시작되거나 기후변화가 간접적으로 끊임없이 농업 생태계를 위협하면 인간은 새로운 야생 영역을 점령하기 시작할 것이다. 그러면 야생 동물과 그들이 지닌 바이러스는 인간이 억지로 넓히고 둘러싼 그 비좁은 공간에 갇히고 만다. 에볼라, 사스SARS, 코로나19… 인간은 죽음을 맞이하며 새로운 플래너테리 댄스Planetary Dance(공동체 춤으로 행하는 집단 치유의식으로, 안나 할프린이 고안했다 ─옮긴이)를 추기 시작했다. 인류의 생존에 과학이 이토록 중요했던 때도 드물다.

한쪽으로 치우친 채 부정하는 쪽이 아니더라도 인류의 위협을 정면으로 마주하기는 어렵다. 그보다 못 본 척하고 그 문제를 옆으로 밀어놓기가 더 쉽다. 자연스럽게 무시하는 것이다. 그러나 팬데믹, 기후, 식량, 식수, 생물다양성 등의 문제는 그 규모가 매우 거대하다. 전 세계가 영향을 받는다. 정치적 편의를 위해 이런 문제들을 무시한다면 고통은 계속 커질 것이고, 불필요한 죽음이 이어질 수 있다. 코로나19 팬데믹이 남긴 희망이 있다면, 개인과 정책 입안자들이 행하던 정치적 부정행위가 과학적 무지와 손잡았을 때 무슨 일이 일어나는지 명백히 깨달았다는 사실이다. 그리고 이제 우리는 이를 예방하고자 노력할 수 있다.

정치로 무너진 과학을 재건하는 일이 가장 우선이어야 한다. 이런 문제를 직면하는 데 필요한 인격과 지성을 갖추고 논리와 증거, 이성을 존중하는 지도자를 선출해야 한다. 선거는 자유를 빙자한 속임수가 아니라 현실이다. 완벽하고도 노골적인 코로나19 팬데믹의 부정 외에도, 트럼프 대통령이 과학 연구를 왜곡하려던 시도는 다양했다. 그 규모와 심각성을 깨닫지 못했다 해도 당신을 탓할 수는 없다.[10] 트럼프 행정부가 집권하는 동안 농업 연구와 기후변화 연구가 어떻게 이루어졌는지 내가 일부나마 설명해보겠다.

미국 농무부 장관이었던 소니 퍼듀Sonny Perdue부터 시작해보자. 미국 정치 전문 매체 〈폴리티코Politico〉 보도에 따르면, 퍼듀는 자신에게 적용되는 세금 우대 조치 법률에 서명하고, 자신의 사기업을 동원해서 선거운동을 지원하는 등 미심쩍은 윤리 위반을 저질렀다. 어떤 행정부에서든 이런 윤리 위반은 눈에 띌 것이다. 그러나 트럼프 행정부의 다른 장관들에 비하면 퍼듀는 순진한 편이다.[11] 당연한 말이지만, 그는 기후변화에 회의적이며 이를 '기후 패턴' 정도로 치부한다.[12] 그러나 사실은 자신의 정치적 주장을 훼손할 수도 있는 이 성가신 과학과 필사적으로 대치하고 있다. 어떻게 해야 할까? 연방 정부 과학자들을 모조리 없애기란 매우 어려운 일이다.

만약 과학자들의 터전을 옮기도록 압박을 가하면 어떨까? 그게 정말 통할 수도 있다. 이렇게 생각한 퍼듀는 새로운 책략을 세웠다. 워싱턴 DC에 있는 미국 농무부 산하 경제연구서비스(Economic Research Service)와 미국 식량농업연구소 조직을 농업 지역과 가까운 곳으로 이전하기로 발표한 것이다. 이전이 확정된 부지는 미국 농업의 심장부를 상징하는 캔자스시티다. 나는 늘 캔자스시티가 바비큐 하기에 가장 좋은 곳이라고 생각해왔지만, 사실 이곳은 밀밭에 더 가깝다. 경제연구서비스는 경제를 다루고, 미국 식량농업연구소는 랜드그랜트대학에 연구자금을 지원하므로 이들의 부지 이전은 다소 무의미했다. 경제학자와 농업 통계학자는 실제로 농작물을 경작하지 않는다. 하지만 이를 아는 사람은 없다.

그렇다면 왜 이 두 기관일까? 경제연구서비스는 트럼프 대통령의 경제와 농업 관련 주장, 특히 기후변화 및 푸드스탬프(미국을 대표하는 저소득층 식비 지원제도로, 매달 바우처나 전자카드 형태로 제공된다 −옮긴이)가 경제 손실을 가져올 거라는 주장에 이의를 제기했다. 또한 미국 식량농업연구소는 연방 정부의 청소년 지원 프로그램 '4H클럽'(농촌 구조 및 농업 생활 개선을 목적으로 하는 세계적인 청소년 단체 −옮긴이)에 소속된 성소수자 학생들의 모범사례집을 발표했다. 어쩜 이리도 무모한지.[13]

즉, 퍼듀는 정치적인 이유로 기관 이전을 강요했다. 강력한 응징이었다. 하지만 경제연구서비스와 미국 식량농업연구소 소속 전문가들은 이 일에 대단히 차분했다. 두 기관의 전문가 중 50퍼센트 이상이 사임을 표한 것이다. 전문가인 그들은 대부분 실업자 명단에 오르지 않았다. 그저 다른 곳에서 새로운 일을 찾았고, 더 높은 연봉을 받게 된 사람도 있다. 정부 소속이라 해도 전문가들은 귀중한 인재들인데, 이걸 누가 알아주려나. 연방 정부 과학자들은 계속 떠나고 있다. 정치적 입장을 따르지 않았다는 이유로 해고되기도 한다. 이를 피하려면 당시 트럼프 대통령의 보좌관이었던 믹 멀베이니Mick Mulvaney처럼 공화당 지지자에게 모든 사실을 알려야 한다.

> 며칠 전 뉴스를 보셨는지 모르겠는데, 농무부는 그저 사무실 두 곳을 워싱턴 DC 외곽으로 옮긴 것뿐입니다… 무슨 일이 일어났는지 아시겠어요? 한번 생각해보세요. 직원들 절반 이상이 그만두었습니다. 연방 정부 직원을 해고하기란 거의 불가능한 일이라는 걸 아시죠? 그만둔 이들이 대부분 내 부서 소속이어서 잘 알아요. 물론 저도 노력했지요… 단지 이렇게 말했을 뿐이에요. "그거 알아? 회사는 당신을 여기 자유의 안식처인 워싱턴 DC, 이 특별한 곳에서 미국 농업의 현실 영역으로 보내주는 거야"라고요. 그러자 그들이 그만둔 거예요. 정부 구조개혁, 오랫동안 누구도 하지 못했던 숙원 사업을 단번에 해결한 멋진 방법이었어요.[14]

이 모든 정치 사기극의 결과는 놀랍지도 않다. 〈폴리티코〉는 2020년 1월 중순에 미국 농무부 채용 관련 메모를 입수했다. 경제연구서비스는 캔자스시티로 옮겨간 지 다섯 달이 지나도록 인력 3분의 2가 여전히 채워지지 않은 상태였다. 당연히 기관의 기본 기능은 마비 상태였다. 아래 내용은 여전히 구직 활동 중인 전 경제연구서비스 과학자의 말을 인용한 기사 일부분이다.[15]

> 전 경제연구서비스 연구원은 당시 상황을 '악몽'이라고 표현했다. 그리고 "경제연구서비스의 역량이 약해졌다는 사실은 명백했다. 경제연구서비스의 조직 기능이 회복되지 않기를 바라는 사람들도 많다고 느꼈다"라고 덧붙였다.

이런 기관들이 왜 중요할까? 미국 식량농업연구소는 돼지 분뇨로 에너지를 생산하는 일부터 가뭄에 강한 옥수수 품종 개발까지, 여러 방법으로 농업 기초 연구를 지원해 미국 농부들을 돕는다. 미국 식량농업연구소는 혁신을 지원하고 미국 농업의 경쟁력을 유지한다. 경제연구서비스는 또 유기농업부터 살모넬라 식중독의 나쁜 결과에 이르기까지 모든 농업 활동의 동향을 연구한다. 이런 분야의 과학 연구가 모두 사라질지도 모르겠다. 그러면 미국 농업과 소비자인 당신들은 큰 손해를 볼 것이다. 농산물 가격은 오르고 품질은 떨어질 테니 말이다. 향후 몇 년 내로 식량안보는 중요한 문제로 떠오를 것이다. 제발 내 예상이 틀리기를 바란다.

이제 미국 농무부 산하 연구소인 미국 농업연구소를 살펴보자. 여러분은 미국 농업연구소의 성과를 모를 수도 있지만, 이 기관은 믿을 수 없을 정도로 다양한 일을 한다. 이차세계대전 동안 페니실린을 대량 생산했고(썩은 캔털루프 멜론이 페니실린 생산을 촉진한다는 사실 또한 밝혀냈다), 강력한 흡수력의 일회용 기저귀 팸퍼스(옥수수전분)와 퍼머넌트 프레스 가공 바지(주름이 가지 않아 다루기 쉬운 면직물)를 만들었으며, 플로리다 시트러스 산업계를 '감귤녹화병'이라는 식물 바이러스병에서 구했다. 우리의 삶을 조금 더 편리하게, 미국 농업을 더 강하게, 식품 가격을 조금 더 싸게 만드는 미국 농업연구소의 업적은 셀 수 없이 많다.

먼저 미국 농업연구소가 사용한 모든 금액은 1달러당 10달러의 경제적 이익을 창출한다.[16] 하지만 잠깐, 민간산업이 이 역할을 대신할 수는 없는 걸까? 어느 정도는 민간산업이 할 수 있지만 중대한 차이가 있다. 민간산업 연구개발부서는 특허받기 쉽고 지식재산권을 얻기 좋은 연구에 몰두할 것이다. 모든 연구는 유익하고 훌륭하지만, 민간에서는 농업이나 관리 기술 등의 연구, 해충 박멸처럼 공동 협력이 필요한 연구는 이익이 크지 않다는 이유로 손을 대지 않는다. 그래서 공적 투자가 필요하다. 기후변화를 인정하고 적절한 대응책과 완화 정책을 개발하는 일, 식수 접근성과 품질을 개선하는 것, 해충 방제 및 식량안보 향상, 국민의 영양 상태 보장 등은 모두 공적 투자 업무에 해당한다. 이런 분야에 민간산업체가 책임을 느끼고 선의로 투자하기를 기대한다는 건 어려운 일이다.

그렇다면 트럼프 행정부는 어떻게 미국 농업연구소를 무력화한 걸까? 행정부는 미국 전역에 연구소가 있는 미국 농업연구소를 워싱턴에서 몰아내기 어려웠을 것이다.[17] 미국 농무부에서 가장 중요한 직위 중 하나는 수석 과학자인데, 농무부의 과학지침을 설정하는 자리인 만큼 책임이 막중하고 누가 자리에 앉든 주목받을 수밖에 없다.

트럼프 행정부의 첫 번째 선택은 샘 클로비스Sam Clovis였다. 그는 공공 정책 박사였지만 과학적 배경은 없으며, 강경한 기후변화 부정론자이자 보수적인 라디오 프로 진행자였다(놀랍게도 클로비스는 버락 오바마 대통령이 미국에서 태어난 게 맞는지에도 문제를 제기한 바 있다). 농업에 관심 있는 사람들은 주목했다. 클로비스에게 과학적 배경이 없다는 사실보다 그가 러시아와 이해관계를 맺고 있다는 점이 더 큰 문제가 됐다. 클로비스는 트럼프 대통령의 선거운동을 하면서 조지 파파도풀로스George Papadopoulos를 고용했다. 파파도풀로스는 러시아와 접촉했으나, 미국 연방수사국(FBI) 수사관에게 거짓 증언을 한 혐의를 받고 있다. 그런 스캔들 상황에서 형량 거래까지 시도했다. 클로비스는 파파도풀로스의 형량 거래 뉴스가 터진 직후 사임했다.[18]

트럼프 행정부가 선택한 두 번째 인물은 스콧 허친스Scott Hutchins였다. 허친스는 곤충학 학위를 받았고 다우 케미컬Dow Chemical사의 과학자로 일했기에 더 적합한 인물처럼 보였다(다우 케미컬은 트럼프의 재선 운동에 크게 이바지했다). 퍼듀가 허친스를 수석 과학자 자리에 임명했지만, 내가 알기로 이 지명은 상원의 승인을 받지 못했다. 한편 허친스의 과학 경력을 살펴보던 나는 허친스가 이제껏 발표한 논문이 거의 없다는 사실에 매우 놀랐다. 그가 발표한 몇 안 되는 논문 중에서 내 눈길을 사로잡은 제목은 〈작물을 방어하는 천연 물질: 진화와 지적설계〉였다.[19] 이 논문은 진화와 지적설계가 조화를 이루어 해충을 통제할 주요 물질을 수없이 만들었으며, 앞으로 더 많은 역할이 기대된다고 결론 지었다.

즉, 미국 농무부 수석 과학자는 진화와 관련된 확실한 결론을 내리지는 못했지만, 지적설계 가설을 믿고 있다. 그런 그에게 농업과 기후변화를 다루는 과학 연구를 선도하고 훌륭한 지지자가 되어주길 기대할 수 있을까? 최근 허친스의 주장을 들으면 엄밀히 말해서 그는 적어도 기후변화 부정론자는 아닌 것 같다. 다행스러운 일이다. 그러나 허친스 지명 이후, 미국 농업연구소 지원은 완전히 막혔다. 기후변화나 이산화탄소 효과를 연구할 지원금이 없어졌다. 그리 유쾌하지 않은 소식이다.

나로 말할 것 같으면, 미국 농업연구소에서 24년간 일했다는 사실이 무척 자랑스럽다. 1990년대 중반, 내가 메릴랜드주 벨츠빌에 위치한 기후스트레스연구소Climate Stress Lab에서 막 연구를 시작했을 무렵, 과학자 열 명 중 한 명은 '오염, 온난화, 오존 감소에 따른 자외선 증가가 작물에 어떤 영향을 미치는가?'를 연구했다. 영향력뿐만 아니라 작물의 스트레스 요인에 저항성을 나타내는 새로운 품종을 연구·평가하고 최종 선택했다. 그러나 2018년이 되자 내가 유일한 연구자가 되었다. 다른 과학자는 고인이 되었거나 사임했다.

2018년 5월은 내가 중국과학아카데미, 도쿄대학교, 워싱턴대학교, 네브래스카주 브라이언 보건과학대학의 과학자들로 이루어진 국제연구팀과 함께 연구해 집필한 논문이 과학 학술지인 〈사이언스 어드밴스Science Advances〉(국제 과학 학술지로 꼽는 〈사이언스Science〉의 자매지)에 발표되기 직전이었다. 논문 내용은 이산화탄소 증가가 벼의 영양학적 품질에 미치는 영향을 평가하는 야외 실지 실험 보고서였다. 이는 아시아에서 2년 동안 연구 과정을 거친, 그야말로 연구 정점에 다다른 결과물이었다. 동시에 이산화탄소가 벼의 비타민 B군과 E를 포함한 다양한 비타민 농도를 변화시킨다는 최초 데이터였다(앞서 소개한 데이터 몇 개를 포함한다).[20] 세계 6억 명 이상의 인구가 벼에서 매일 필요한 열량의 50퍼센트를 얻는다고 할 때, 상당히 중요한 결과가 아닐 수 없다. 그러니 예의상으로라도, 나는 미국 농무부 보도국에 논문이 이틀 후쯤 출판된다는 사실을 알려야 했다.

다음 날, 나는 미국 농무부 보도국에서 메일 하나를 받았다. 국가프로그램사무국(National Program Staff)이 논문 내용에 동의하지 않으므로, 논문 출판 사실을 발표하지 않겠다는 내용이었다. 국가프로그램사무국은 내 논문에 결함이 있으며, 논문 데이터가 결론을 뒷받침할 수 없다고 평했다. 이 결정은 여러모로 수상했다. 국가프로그램사무국이 논문의 출판을 고려하려면 최소한 제출 승인은 떨어져야 맞다. 데이터를 거부한 이유도 좀 말이 되지 않는데, 그들은 이 논문을 피상적으로 읽고 결론을 내린 듯했다. 정황은 확실했다. 이 사무국의 일반 행정관은 자신이 관리하는 기관의 과학을 지원하는 역할을 한다. 그래서 나는 그들이 제기한 데이터의 우려에 답장을 보내고, 이 사안을 논의할 목적으로 만남을 제안했다. 물론 만남은 성사되지 않았다.

또 다른 이상한 일도 있었다. 미국 농무부 보도국이 워싱턴대학교에 전화해서 내 논문을 출판하지 말라고 압박한 것이다. 이는 전례가 없는 일이며 꽤 위협적인 행동이다. 미국 농무부는 워싱턴대학교를 비롯한 미국 전역의 대학에 연구지원금을 후원하는 기관이기 때문이다. 돈이 관련된 상황에서 누군가를 압박해 영향력을 행사하려는 시도는 고등교육 원칙이라기보다 상위기관의 전술에 더 가깝지 않나? 다행히 워싱턴대학교는 그 압박에 굴복하지 않았다. 내 논문의 과학적 가치를 보증했을 뿐 아니라 홍보도 해줬다.[21] 그 뒤로도 엄청난 압박이 이어졌지만 말이다.[22] 과학을 추구하는 것도 중요하지만, 그 결과를 알리는 일도 그에 못지않게 중요하다는 사실을 그때 깨달았다. 특히 수억 명에게 영향을 미칠지도 모르는 작물에 대한 보고가 아닌가.

이 일은 내게 큰 전환점이었다. 동료 검토까지 마치고 출판을 앞둔 논문 결과를 부정할 이유는 없을 텐데, 누가 봐도 믿기 어려운 상황이었고 정치적 의도가 개입된 결과라는 게 느껴졌다. 예순두 살이었던 나는 24년 동안 미국 농업연구소 소속으로 늘 연구에 몰두해왔다. 그런데 이제 연구소를 떠날 수밖에 없었다. 새 일자리를 찾던 나는 2019년에 컬럼비아대학교 메일맨 공중보건대학원(Columbia University Mailman School of Public Health)에 자리를 얻는 행운을 얻었다. 제프리 샤먼Jeffrey Shaman이 애써준 덕분이었다(고마워요, 제프!). 나는 이곳에서 덩굴옻나무와 식물의 영양 작용, 꽃가루와 기생충에 이르는 광범위한 환경을 계속 연구했다. 기후, 이산화탄소, 식물생물학, 공중보건의 연쇄작용은 기이하고도 놀라웠다.

대중들은 언제나 인간인 우리가 누구이고 무엇인지에 관심을 보인다. 그리고 연방 정부는 그 문제에 답하기 위해 과학을 지원한다. 미국이라는 국가가 세워진 이후 계속 그 과정을 반복해왔다. 과학은 진실을 추구하는 수단이기에 민주주의의 초석이 된다. 과학을 두려워하는 정부는 독재정권뿐이다.

트럼프 행정부가 과학 연구에 남긴 피비린내 나는 상처는 깊고 또 많다. 이제 기후변화를 부정하지 않는 바이든 행정부가 들어섰으니, 앞서 일어났던 일들을 잊고 재정비해서 싸울 준비를 해야 한다. 그러나 기후과학 연구가 지연되면서 생긴 충격은 이루 말할 수 없다. 정치 권력 주변부에서 과학에 항상 주의를 기울여야 한다는 사실을 깨달은 사람도 극히 일부다. 공기전염성 질병이 전파되는 것을 막으려면 마스크를 써야 한다는 명확하고 단순한 진리를 오히려 거부하고, 환상에 불과한 말을 던지는 변덕쟁이들에 휘둘리고 만다. 출혈은 겨우 멈췄지만, 그간 과학계가 입은 상처를 회복하고 어느새 문 앞에 닥친 '기후변화'라는 괴물을 제대로 응수할 수 있을지 걱정스러운 것도 사실이다. 그렇지만 우리는 노력하고 있다. 최근 바이든 행정부 발표에 따르면 의회 승인이 떨어지면 미국 국립보건원은 기후변화와 공중보건 연구를 지원할 것이다.[23] 예산은 1,310억 원이 배정되었다. (상당히 큰 액수 같지만, 국가 예산의 0.015퍼센트에 지나지 않는다.) 그리고 나는 지금 연구계획서를 쓰고 있다. 어휴.

/ 과학을 위해 투표하라 /

누군가 당신을 위해 열린 문을 붙잡아주면 고맙다고 인사하는 게 당연하다. 문을 통과한 뒤에는 당신도 다음 사람을 위해 문을 잡아줄 것이다. 이런 작은 친절로 우리는 인간이 사회적 동물이라는 사실을 깨닫는다. 고달픈 삶을 이겨내고자 우리는 서로를 돕는다. 그렇게 인간은 연결되어 있다. 도움을 주면 도움은 언젠가 되돌아온다.

과학 연구는 열린 문을 붙잡아주는 행위와 비슷하다. 세계가 어떻게 움직이는지 관찰하고, 삶을 더 낫게 하는 방법을 찾아내서 당신 뒤에 오는 사람이 조금 더 편해지도록 돕는다. 그리고 다른 사람을 돕는 연구 중에 가장 좋은 것은 단연 농업 연구다. 더 정확히는 식량 연구다. 사람은 먹어야 살고, 배를 곯는 일은 그리 즐겁지 않지 않나. 기아가 극으로 치달으면 우리 삶은 위협받는다.

과학자인 내게 가장 위대한 자산은 진실이다. 내가 진실을 추구하지 않거나 내 주장이 편견으로 물들었다면 누구도 내 말, 내가 쓰는 주장을 믿지 않을 것이다. 그 틈에 기후과학을 부정하고 무시하며 깎아내리려는 세력 즉, 화석연료 산업계는 정치적 편견을 부추긴다. 과학자들을 흠집 내는 터무니없는 시도는 쉽게 성공하고야 만다.

화석연료 산업계는 담배산업계가 사용했던 전략을 모방해서 성공했다. 담배산업계는 흡연과 건강의 연관관계를 부인하고, 인과관계를 부정하는 전략을 택했다.[24] 그들은 대중이 과학적 사실을 혼동할 수 있다는 점에 착안해서 학계의 적당한 위치를 차지하고 있는 과학자를 물색했다. 그중에서도 과학적 사실에 반대하는 소수 과학자에게 연구자금을 지원해 충돌을 일으켰다. 기후변화를 연구하는 대다수 과학자가 이산화탄소가 초래할 작물 영양 변화, 해수면 상승 등 온갖 결과를 설명해도 높은 직위에 있는 소수 과학자가 이를 부정하기만 하면 일은 간단히 해결되었다. 특히 소셜미디어 시대에 이런 현상이 두드러졌다. 과학계는 분열되었고, 더 중요한 점은 대중 역시 분열되었다는 점이다. 과학자들이 하나의 결론을 내놓지 못하는데, 대중이 신경 쓸 필요가 있겠는가?

이 와중에 그들은 데이터 한 조각을 추측으로 둘러싸고 그 주장을 범퍼 스티커처럼 붙이고 다닌다. 그렇게 기후과학을 부정한다. 기후변화 부정 사례는 수없이 많으며, 문제가 제기되고 비슷한 상황이 반복되면서 대중은 질려버렸다. 가장 유명한 예를 몇 가지 들어보면 다음과 같다. "기후는 이전에도 변화해왔다" "지구는 따뜻해지는 게 아니라 차가워지고 있다" "뜨거워지는 것은 태양이다" "과학자들은 동의하지 않았다" "기후변화는 연구비를 타내려는 학계의 술수다" "1998년 이후로는 온난화가 진행되지 않았다" 등등이다. 이런 주장에 진실이 한 조각이라도 들어있다면 그들은 연구 및 동료 검토 과정을 거쳐 벌써 과학논문으로 발표했을 것이다. 그러나 전문가들과 기후과학자들은 이런 주장의 근거를 찾지 못했다.

나는 다양한 주장 중에서도 가장 다루기 힘든 것이 "이산화탄소는 식물의 먹이다"라고 말하고 싶다. 이 주장의 핵심에는 과학적 진실이 한 조각이나마 들어있어서, 이 주장이 식물생물학과 기후변화 맥락에서 어떤 의미인지 파악하려면 더 깊은 탐구가 필요하기 때문이다. 당신이 이 책에서 읽은 내용이 바로 그 깊이 탐구해야 하는 사실들이다. 이 책이 독자들에게 저 단순하고도 기만적인 주장이 어떤 결과를 가져올지 즉, 알려지지 않은 심층적 지식을 제공했기를 바란다.

과학자들은 종종 데이터에 기반한 증거가 정치적 지평을 뛰어넘어 모두에게 분명히 전달될 거라고 믿는다. 그러나 아이러니하게도 과학은 학문의 자유를 허용하는 정치체계 안에서만 실행하고 추구할 수 있다. 트럼프 행정부가 보여주듯이, 전염병이 창궐하는 가운데 과학이라는 렌즈를 무시하면 결과는 무지로 이어지며, 이는 또다시 수많은 사람의 불필요한 죽음을 몰고 온다.

가끔 내게 기후변화에 관해 묻는 사람이 있다. 특히 "내가 어떻게 해야 할까요?"라는 질문이 많다. 고기를 적게 먹고, 재활용하고, 태양광 에너지를 이용하는 일이 도움이 되는 건 분명하다. 하지만 여러분이 할 수 있는 가장 중요한 영향력은 단 한마디로 요약된다. 투표하라. 그 무엇도 아닌 과학을 위해서.

마치는 글

전 세계적인 유행병이 한창인 지금, 과학에 관한 책을 쓰는 일이 소 잃고 외양간 고치는 격이 아닌가 싶은 생각이 든다. 뻔한 사실을 지적하는 일은 전혀 즐겁지 않다. 그렇지만 때로는 필요한 일이기도 하다. 기후변화가 가져올 결과를 설명하려고 모든 근거와 영상을 동원했는데도 달라진 것은 별로 없다. 식물생물학에서 이산화탄소의 역할, 근본적으로 이 문제가 왜 중요한지, 실존적 결과를 내세운 논의에 침묵과 멍한 시선만 돌아올 뿐이다.

그러나 과학자들은 세계를 휩쓴 유행 전염병이 필연적인 결과라고 늘 말해왔다. 그런데도 그 결과가 실제로 나타날 때까지 사람들은 말문이 막힌 채로, 뭐 하나 대비하지 못한 상태로 남아있었다. 그렇게 생각하면 어떤 기분인가? 이제 기후변화와 대기 중 이산화탄소 증가가 꾸준히 진행하리라 확실시된 상황에서 당신은 어떤 선택을 할 텐가? 지금이라도 외양간을 고칠 수 있겠는가?

무지와 오만이라는 유독 혼합물질에 우리는 굴복하게 될까? 빳빳한 달러 지폐가 식물생물학에 영향을 미치는 요인을 찾으려는 우리의 시선을 거두게 할 것인가? 아니면 우리는 또 다른 교훈을 얻을 수 있을까? 나는 지식을, 통찰을, 과학을 원한다. 무지로 치러야 할 값이 너무 비싸다. 단순히 비용뿐만 아니라 개성, 비전, 적응력, 잠재력 등 치러야 할 다른 대가가 너무도 크다. 특히나 우리와 미래 세대는 목표 지점에 도달하기를 열망하는 존재가 아니던가. 열망을 가진 다정한 천사들은 열린 문을 계속해서 붙잡을 수 있도록 내게 친절을 베풀었다. 시간과 지혜를 나눠준 천사들에게 감사의 말을 전한다.

마크 비트만, 그는 저명한 요리사이고 식량 문제와 보건을 지지하는 데는 더 견줄 사람이 없다. 열정적인 지도자 그레그 콜리스터-머리, 이 친구는 내 영혼을 지지할 만한 멋진 피드백을 줬다. 앨리슨 크리민즈, 근무 시간이 끝나면 망토를 두르고 범죄를 해결하는 미국 환경보호국 과학자이다. 최근 그는 다음 세대의 미국 국립기후평가를 이끌 막중한 책임을 맡았다. 브라보! 루스 디프라이스, 세상이 움직이는 과정에 비범한 지식을 갖춘 동료. 캐롤 더스트-베르트하이머, 식품과 과학의 열광적인 팬이자 삶을 사랑하는 사람! 마이크 호프만, 베트남 수의사와 코넬대학교 곤충학자라는 독특한 조합. 킴 놀턴, 내게 보내준 시간과 친절, 격려에 영원한 감사를 보낸다. 미란다 마틴, 이정표를 제시하고 논의의 장을 마련해줬다. 매리언 네슬레, 먹이사슬과 기후를 바라보는 깊은 통찰에 건배! 제프 샤먼, 내게 준 기회에 감사한다.

주

여는 글

1. Inconvenient Facts, "Inconvenient Facts 3 & 7 CO2 Is Plant Food," You-Tube video, 3:17, uploaded October 1, 2018, https://www.youtube.com/watch?v=wlzstC5zhkk.

2. Aaron Rupar, "Trump's Pick to Chair New Climate Panel Once Said CO2 Has Been Maligned Like 'Jews Under Hitler,' " Vox, February 20, 2019, https://www.vox.com/2019/2/20/18233378/william-happer-trump-climate-change-panel.

3. Karin Kirk, "The Video Origin of the Myth that Global Warming Is Good for Agriculture," Yale Climate Connections, September 27, 2020, https://yaleclimateconnections.org/2020/09/video-origin-of-the-myth-that-global-warming-good-for-agriculture/.

Part 1 녹색을 제대로 보지 못하는 사람들

/ 식물이 곧 식량이다 /

1. Yinon M. Bar-On, Rob Phillips, and Ron Milo, "The Biomass Distribution on Earth," Proceedings of the National Academy of Sciences 115, no. 25(2018): 6506.11.

2. Lifang Yang, Zhenyan Yang, Changkun Liu, Zhengshan He, Zhirong Zhang, Jing Yang, Haiyang Liu, Junbo Yang, and Yunheng Ji, "Chloroplast Phylogenomic Analysis Provides Insights into the Evolution of the Largest Eukaryotic Genome Holder, Paris japonica (Melanthiaceae)," BMC Plant Biology 19, no. 1 (2019): 1.11.

3. Jared Diamond and Colin Renfrew, "Guns, Germs, and Steel: The Fates of Human Societies," Nature 386, no. 6623 (1997): 339.40; and S. Boyd Eaton, Stanley B. Eaton III, Melvin J. Konner, and Marjorie Shostak, "An Evolutionary Perspective Enhances Understanding of Human Nutritional Requirements," Journal of Nutrition 126, no. 6 (1996): 1732.40.

4. Jared Diamond, Collapse: How Societies Choose to Fail or Succeed (New York: Penguin, 2011).

5. Marc van de Mieroop, A History of Ancient Egypt, 2nd ed. (Hoboken, NJ: Wiley, 2021).

6. Roland Enmarch, ed., The Dialogue of Ipuwer and the Lord of All (Oxford: Griffith Institute, 2005).

7. Cormac O. Grada, Famine: A Short History (Princeton, NJ: Princeton University Press, 2009).

8. Julian Cribb, Food or War (Cambridge: Cambridge University Press, 2019).

9. Dmitry Shaposhnikov, Boris Revich, Tom Bellander, Getahun Bero Bedada, Matteo Bottai, Tatyana Kharkova, Ekaterina Kvasha, et al., "Mortality Related to Air Pollution with the Moscow Heat Wave and Wildfire of 2010," Epidemiology 25, no. 3 (2014): 359.

10. Ines Perez, "Climate Change and Rising Food Prices Heightened Arab Spring," Scientific American, March 4, 2013, https://www.scientificamerican.com/article/climate-change-and-rising-food-prices-heightened-arab-spring/.

11. Colin P. Kelley, Shahrzad Mohtadi, Mark A. Cane, Richard Seager, and Yochanan Kushnir, "Climate Change in the Fertile Crescent and Implications of the Recent Syrian Drought," Proceedings of the National Academy of Sciences 112, no. 11 (2015): 3241.46.

12. John Podesta, The Climate Crisis, Migration, and Refugees, Brookings Institution, July 25, 2019, https://www.brookings.edu/research/the-climate-crisis-migration-and-refugees/.

/ 약과 식물의 관계 /

1. D. M. Qato, S. Zenk, J. Wilder, R. Harrington, D. Gaskin, and G. C. Alexander, "The Availability of Pharmacies in the United States: 2007. 2015," PLoS One 12, no. 8 (2017): e0183172.

2. Florian P. Schiestl, "The Evolution of Floral Scent and Insect Chemical Communication," Ecology Letters 13, no. 5 (2010): 643.56.

3. "Coffee Statistics 2022," E-Imports, accessed February 28, 2022, https://www.e-importz.com/coffee-statistics.php#:~:text=Americans%20consume%20400%20million%20cups,with%20a%20great%20visible%20location.

4. Hannah Ritchie and Mark Roser, "Smoking," Our World in Data, May 2013 (updated January 2022), https://ourworldindata.org/smoking.

5. Marc Dhont, "History of Oral Contraception," European Journal of Contraception and Reproductive Health Care 15, no. S2 (2010): S12.18.

6. Gediya Shweta, Ribadiya Chetna, Soni Jinkal, Shah Nancy, and Jain Hitesh, "Herbal Plants Used as Contraceptives," International Journal of Current Pharmaceutical Review and Research 2, no. 1 (2011): 324.28.

7. J. Thomas Payte, "A Brief History of Methadone in the Treatment of Opioid Dependence: A Personal Perspective," Journal of Psychoactive Drugs 23, no. 2 (1991): 103.7.

8. "Ricin and the Umbrella Murder," CNN, October 23, 2003, https://www.cnn.com/2003/WORLD/europe/01/07/terror.poison.bulgarian/.

9. "Facts About Abrin," Centers for Disease Control and Prevention, accessed September 3, 2021, https://emergency.cdc.gov/agent/abrin/basics/facts.asp.

10. Boleslav L. Lichterman, "Aspirin: The Story of a Wonder Drug." BMJ 329, no. 7479 (2004): 1408.

11. "General Availability of Aspirin (100 mg) in the Public Health Sector," World Health Organization, accessed August 22, 2021, https://www.who.int/data/gho/data/indicators/indicator-details/GHO/general-availability-of-aspirin-(100-mg)-in-the-public-health-sector.

12. Centers for Disease Control and Prevention, CDC National Health Report Highlights (Atlanta: Centers for Disease Control and Prevention, 2014), https://www.cdc.gov/healthreport/publications/compendium.pdf.

13. Amber Dance, "As CBD Skyrockets in Popularity, Scientists Scramble to Understand How It's Metabolized," Scientific American, November 14, 2019, https://www.scientificamerican.com/article/as-cbd-skyrockets-in-popularity-scientists-scramble-to-understand-how-its-metabolized/#:~:text=%E2%80%9CIt%20seems%20that%20every%20corner,2024%2C%20according%20to%20one%20analysis.

/ 종교가 식물을 대하는 방식 /

1. Alex S., "Henbane: Witch's Drug," Plant Profiles in Chemical Ecology: The Secret Life of Plants, January 30, 2017, https://sites.evergreen.edu/plantchemeco/henbane-medicine-andor-magic/.

2. Jean-Francois Sobiecki, "Psychoactive Ubulawu Spiritual Medicines and Healing Dynamics in the Initiation Process of Southern Bantu Diviners," Journal of Psychoactive Drugs 44, no. 3 (2012): 216.23.

3. Leander J. Valdes III, Jose Luis Diaz, and Ara G. Paul, "Ethnopharmacology of ska Maria Pastora (Salvia divinorum, Epling and Jativa-M.),"Journal of Ethnopharmacology 7, no. 3 (1983): 287.312.

4. Dennis J. McKenna, "Clinical Investigations of the Therapeutic Potential of Ayahuasca: Rationale and Regulatory Challenges," Pharmacology and Therapeutics 102, no. 2 (2004): 111.29.

5. Michael P. Bogenschutz and Alyssa A. Forcehimes, "Development of a Psychotherapeutic Model for Psilocybin-Assisted Treatment of Alcoholism," Journal of Humanistic Psychology 57, no. 4 (2017): 389.414.

6. Gus W. Van Beek, "Frankincense and Myrrh," Biblical Archaeologist 23, no. 3 (1960): 70.95.

7. David M. Watson, "Mistletoe: A Unique Constituent of Canopies Worldwide," Forest Canopies 2 (2004): 212.23.

8. "Meaning of Lotus Flower," One Tribe Apparel, October 24, 2018, https://www.onetribeapparel.com/blogs/pai/meaning-of-lotus-flower#:~:text=In%20Hinduism%2C%20the%20lotus%20flower,they%20represent%20purity%20and%20divinity.

9. William E. Ward, "The Lotus Symbol: Its Meaning in Buddhist Art and Philosophy," Journal of Aesthetics and Art Criticism 11, no. 2 (1952): 135.46.

10. Wikipedia, s.v. "Trees in Mythology," last modified January 3, 2022, https://en.wikipedia.org/wiki/Trees_in_mythology.

11. Robert Bevan-Jones, The Ancient Yew: A History of Taxus Baccata, 3rd ed.(Barnsley, UK: Windgather, 2016).

12. "Vasiliko (Basil Herb)," Greek Orthodox Christian Society, August/September 2016, https://lychnos.org/vasiliko-basil-herb/.

13. "Mahatma Gandhi Quotes," Brainy Quote, accessed March 8, 2022, https://www.brainyquote.com/authors/mahatma-gandhi-quotes.

14. "Quotes about God and Nature," Quote Master, accessed October 26, 2021, https://www.quotemaster. org/God+And+Nature.

/ 인간이 식물을 지배한다는 착각 /

1. E.-C. Oerke, "Crop Losses to Pests," Journal of Agricultural Science 144, no. 1 (2006): 31.43.

2. Robert L. Zimdahl, Fundamentals of Weed Science, 5th ed. (Cambridge, MA: Academic, 2018).

3. Joseph M. DiTomaso, "Invasive Weeds in Rangelands: Species, Impacts, and Management," Weed Science 48, no. 2 (2000): 255.65.

4. James Howard Miller, Nonnative Invasive Plants of Southern Forests: A Field Guide for Identification and Control, General Technical Report SRS-62 (Asheville, NC: U.S. Department of Agriculture, Forest Service, Southern Research Station, 2003).

5. R. A. Wadsworth, Y. C. Collingham, S. G. Willis, B. Huntley, and P. E. Hulme, "Simulating the Spread and Management of Alien Riparian Weeds: Are They Out of Control?," Journal of Applied Ecology 37 (2000): 28.38.

6. L. G. Holm, L. W. Weldon, and R. D. Blackburn, "Aquatic Weeds," Science 166, no. 3906 (1969): 699.709.

7. F. L. Timmons, "A History of Weed Control in the United States and Canada," Weed Science 53, no. 6 (2005): 748.61.

8. "Herbicide," Encyclopedia Britannica, March 19, 2019, https://www.britannica.com/science/herbicide.

9. Stephen O. Duke, "The History and Current Status of Glyphosate," Pest Management Science 74, no. 5 (2018): 1027.34.

10. Stephen O. Duke and Stephen B. Powles, "Glyphosate: A Once.in.a. Century Herbicide," Pest Management Science 64, no. 4 (2008): 319.25; and Regina S. Baucom and Rodney Mauricio, "Fitness Costs and Benefits of Novel Herbicide Tolerance in a Noxious Weed," Proceedings of the National Academy of Sciences 101, no. 36 (2004): 13386.90.

11. Adam Liptak, "Supreme Court Supports Monsanto in Seed-Replication Case," New York Times, May 13, 2013, https://www.nytimes.com/2013/05/14/business/monsanto-victorious-in-genetic-seed-case.html.

12. "Estimated Annual Agricultural Pesticide Use, 2019," U.S. Geological Service, accessed October 25, 2021, https://water.usgs.gov/nawqa/pnsp/usage/maps/show_map.php?year=2019&map=GLYPHOSAT E&hilo=L.

13. Ian Heap and Stephen O. Duke, "Overview of Glyphosate.Resistant Weeds Worldwide," Pest Management Science 74, no. 5 (2018): 1040.49.

14. Ian Heap, "Global Perspective of Herbicide.Resistant Weeds," Pest Management Science 70, no. 9 (2014): 1306.15.

15. Patricia Cohen, "Roundup Weedkiller Is Blamed for Cancers, but Farmers Say It's Not Going Away," New York Times, September 20, 2019, https://www.nytimes.com/2019/09/20/business/bayer-roundup. html.

/ 식물을 제대로 보지 못하는 사람들 /

1. Peg Herring, "The Secret Life of Soil," Oregon State University: OSU Extension Service, January 2010, https://extension.oregonstate.edu/news/secret-life-soil.

2. Kathryn Lasky, The Most Beautiful Roof in the World: Exploring the Rainforest Canopy (New York: Houghton Mifflin Harcourt, 2014).

3. Adam M. Lambert, Tom L. Dudley, and Kristin Saltonstall, "Ecology and Impacts of the Large-Statured Invasive Grasses Arundo donax and Phragmites australis in North America," Invasive Plant Science and Management 3, no. 4 (2010): 489.94.

4. Nicholas Outa, Dan Mungai, and James Last A. Keyombe, "The Impacts of Introduced Species on Lake Ecosystems: A Case of Lakes Victoria and Naivasha, Kenya," AfricArXiv (2019), https://doi.org/10.31730/osf.io/b5nyt.

Part 2 식물의 과학적 탐구

/ 이산화탄소와 식물 환경에 질문을 던지다 /

1. There is a great deal of information on global geological history, but some of the best explanations are available on Peter Hadfield's website. See potholer54, "5. Climate Change.Isn't It Natural?," YouTube video, 10:59, uploaded November 18, 2009, https://www.youtube.com/watch?v=w5hs4KVeiAU&list=PL82yk73N8eoX-Xobr_TfHsWPfAIyI7VAP&index=6&t=200s.

2. Yi Ge Zhang, Mark Pagani, Zhonghui Liu, Steven M. Bohaty, and Robert DeConto, "A 40-Million-Year History of Atmospheric CO2," Philosophical Transactions of the Royal Society A: Mathematical, Physical and Engineering Sciences 371, no. 2001 (2013): 20130096.

3. Bruce A. Kimball, "Carbon Dioxide and Agricultural Yield: An Assemblage and Analysis of 430 Prior Observations," Agronomy Journal 75, no. 5 (1983): 779.88.

4. Robert Monroe, "Another Climate Milestone Falls at Mauna Loa Observatory," Scripps Institution of Oceanography, June 7, 2018, https://scripps.ucsd.edu/news/another-climate-milestone-falls-mauna-loa-observatory.

5. Arthur B. Robinson and Zachary W. Robinson, "Science Has Spoken: Global Warming Is a Myth," Wall Street Journal, December 4, 1997, https://www.wsj.com/articles/SB881189526293285000.

/ 이산화탄소 증가가 이로운 이유 /

1. L. H. Ziska and J. A. Bunce, "Predicting the Impact of Changing CO2 on Crop Yields: Some Thoughts on Food," New Phytologist 175, no. 4 (2007): 607.18.

2. Herman Mayeux, Hyrum Johnson, Wayne Polley, and Stephen Malone, "Yield of Wheat Across a Subambient Carbon Dioxide Gradient," Global Change Biology 3, no. 3 (1997): 269.78.

3. Lewis H. Ziska, "Three-Year Field Evaluation of Early and Late 20th Century Spring Wheat Cultivars to Projected Increases in Atmospheric Carbon Dioxide," Field Crops Research 108, no. 1 (2008): 54.59.

4. Joe McCarthy, "2 Billion People Faced Food Insecurity Worldwide in 2019: UN Report," Global Citizen, July 15, 2020, https://www.globalcitizen.org/en/content/state-of-food-security-and-nutrition-report-2020/#:~:text=An%20estimated%20746%20million%20people,World%202020%20report%20 released%20Tuesday.

5. "Food Security and COVID-19," World Bank, last updated December 13, 2021, https://www.worldbank. org/en/topic/agriculture/brief/food-security-and-covid-19.

6. Lewis H. Ziska, Paz A. Manalo, and Raymond A. Ordonez, "Intraspecific Variation in the Response of Rice (Oryza sativa L.) to Increased CO2 and Temperature: Growth and Yield Response of 17 Cultivars," Journal of Experimental Botany 47, no. 9 (1996): 1353.59.

7. Lewis H. Ziska, James A. Bunce, Hiroyuki Shimono, David R. Gealy, Jeffrey T. Baker, Paul C. D. Newton, Matthew P. Reynolds, et al., "Food Security and Climate Change: On the Potential to Adapt Global Crop Production by Active Selection to Rising Atmospheric Carbon Dioxide," Proceedings of the Royal Society B: Biological Sciences 279, no. 1745 (2012): 4097.105.

8. Lewis H. Ziska and Anna McClung, "Differential Response of Cultivated and Weedy (Red) Rice to Recent and Projected Increases in Atmospheric Carbon Dioxide," Agronomy Journal 100, no. 5 (2008): 1259.63.

9. A. Raschi, F. Miglietta, R. Tognetti, and P. R. van Gardingen, eds., Plant Responses to Elevated CO2: Evidence from Natural Springs (Cambridge: Cambridge University Press, 1997).

10. Paul C. D. Newton, R. Andrew Carran, Grant R. Edwards, and Pascal A. Niklaus, eds., Agroecosystems in a Changing Climate (Boca Raton, FL: CRC, 2006).

11. L. H. Ziska and D. M. Blumenthal, "Empirical Selection of Cultivated Oat in Response to Rising Atmospheric Carbon Dioxide," Crop Science 47, no. 4 (2007): 1547.52.

12. L. H. Ziska, C. F. Morris, and E. W. Goins, "Quantitative and Qualitative Evaluation of Selected Wheat Varieties Released Since 1903 to Increasing Atmospheric Carbon Dioxide: Can Yield Sensitivity to Carbon Dioxide Be a Factor in Wheat Performance?," Global Change Biology 10, no. 10 (2004): 1810.19.

13. Hidemitsu Sakai, Takeshi Tokida, Yasuhiro Usui, Hirofumi Nakamura, and Toshihiro Hasegawa, "Yield Responses to Elevated CO2 Concentration Among Japanese Rice Cultivars Released Since 1882," Plant Production Science 22, no. 3 (2019): 352.66.

14. X.-G. Zhu, A. R. Portis Jr., and S. P. Long, "Would Transformation of C3 Crop Plants with Foreign Rubisco Increase Productivity? A Computational Analysis Extrapolating from Kinetic Properties to Canopy Photosynthesis," Plant, Cell & Environment 27, no. 2 (2004): 155.65.

15. "Russet Burbank," Wikipedia, last modified December 15, 2021, https://en.wikipedia.org/wiki/Russet_Burbank.

16. "International Rice Genebank," International Rice Research Institute, accessed October 26, 2021, https://www.irri.org/international-rice-genebank.

17. The DOE is often referred to as the "Department of Everything" because of its large budget.

18. George R. Hendrey, David S. Ellsworth, Keith F. Lewin, and John Nagy, "A Free.Air Enrichment System for Exposing Tall Forest Vegetation to Elevated Atmospheric CO2," Global Change Biology 5, no. 3 (1999): 293.309.

19. Joseph A. M. Holtum and Klaus Winter, "Photosynthetic CO2 Uptake in Seedlings of Two Tropical Tree Species Exposed to Oscillating Elevated Concentrations of CO2," Planta 218, no. 1 (2003): 152.58; and L.

H. Allen, B. A. Kimball, J. A. Bunce, M. Yoshimoto, Y. Harazono, J. T. Baker, K. J. Boote, and J. W. White, "Fluctuations of CO2 in Free-Air CO2 Enrichment (FACE) Depress Plant Photosynthesis, Growth, and Yield," Agricultural and Forest Meteorology 284 (2020): 107899.

20. "CO2 Gas Enrichment for Crops," AG Gas, accessed October 25, 2021, https://www.carbogation.com/.

21.John P. Renschler, Kelsey M. Walters, Paul N. Newton, and Ramanan Laxminarayan, "Estimated Under-Five Deaths Associated with Poor-Quality Antimalarials in Sub-Saharan Africa," American Journal of Tropical Medicine and Hygiene 92, no. S6 (2015): 119.26.

22. Sanne de Ridder, Frank van der Kooy, and Robert Verpoorte, "Artemisia annua as a Self-Reliant Treatment for Malaria in Developing Countries," Journal of Ethnopharmacology 120, no. 3 (2008): 302.14.

23. "Treating Malaria," World Health Organization, accessed October 25, 2021, https://www.who.int/malaria/areas/treatment/overview/en/#:~:text=WHO%20recommends%20artemisinin%2Dbased%20combination,effective%20antimalarial%20medicines%20available%20today.

24. C. Zhu, Q. Zeng, A. McMichael, K. L. Ebi, K. Ni, A. S. Khan, J. Zhu, et al., "Historical and Experimental Evidence for Enhanced Concentration of Artemesinin, a Global Anti-malarial Treatment, with Recent and Projected Increases in Atmospheric Carbon Dioxide," Climatic Change 132 (2015): 295.306.

/ 알려지지 않은 이야기, 위험한 이산화탄소 /

1. Colin Khoury, "How Many Plants Feed the World?," Agricultural Biodiversity Weblog, June 8, 2010, https://agro.biodiver.se/2010/06/how-many-plants-feed-the-world/.

2. David C. Bridges, Crop Losses Due to Weeds in the United States, 1992 (Westminster, CO: Weed Science Society of America, 1992).

3. Roy J. Smith, "Weed Thresholds in Southern US Rice, Oryza sativa," Weed Technology 2, no. 3 (1988): 232.41.

4. L. H. Ziska, M. B. Tomecek, and D. R. Gealy, "Competitive Interactions Between Cultivated and Red Rice as a Function of Recent and Projected Increases in Atmospheric Carbon Dioxide," Agronomy Journal 102, no. 1 (2010): 118.23.

5. Lewis H. Ziska, "Global Climate Change and Carbon Dioxide: Assessing Weed Biology and Management," in Handbook on Climate Change and Agroecosystems: Impacts, Adaptation, and

Mitigation, ed. Daniel Hillel and Cynthia Rosenzweig (London: Imperial College, 2011), 191.208.

6. Jonas Vengris, "Plant Nutrient Competition Between Weeds and Corn," Agronomy Journal 47 (1955): 213.15.

7. G. J. A. Ryle and J. Stanley, "Effect of Elevated CO_2 on Stomatal Size and Distribution in Perennial Ryegrass," Annals of Botany 69, no. 6 (1992): 563.65.

8. Mithila Jugulam, Aruna K. Varanasi, Vijaya K. Varanasi, and P. V. V. Prasad, "Climate Change Influence on Herbicide Efficacy and Weed Management," in Food Security and Climate Change, ed. Shyam S. Yadav, Robert J. Redden, Jerry L. Hatfield, Andreas W. Ebert, and Danny Hunter (Hoboken, NJ: Wiley, 2018), 433.48.

9. Pawel Waryszak, Tanja I. Lenz, Michelle R. Leishman, and Paul O. Downey, "Herbicide Effectiveness in Controlling Invasive Plants Under Elevated CO_2: Sufficient Evidence to Rethink Weeds Management," Journal of Environmental Management 226 (2018): 400.407.

10. Kerri Skinner, Lincoln Smith, and Peter Rice, "Using Noxious Weed Lists to Prioritize Targets for Developing Weed Management Strategies," Weed Science 48, no. 5 (2000): 640.44.

11. Lewis H. Ziska, Shaun Faulkner, and John Lydon, "Changes in biomass and root: Shoot Ratio Of Field-Grown Canada Thistle (Cirsium arvense), a Noxious, Invasive Weed, with Elevated CO_2: Implications for Control with Glyphosate," Weed Science 52, no. 4 (2004): 584.88; and Lewis H. Ziska, "Elevated Carbon Dioxide Alters Chemical Management of Canada Thistle in No-Till Soybean," Field Crops Research 119, nos. 2.3 (2010): 299.303.

12. Jose V. Tarazona, Manuela Tiramani, Hermine Reich, Rudolf Pfeil, Frederique Istace, and Federica Crivellente, "Glyphosate Toxicity and Carcinogenicity: A Review of the Scientific Basis of the European Union Assessment and Its Differences with IARC," Archives of Toxicology 91, no. 8 (2017): 2723.43.

13. Lewis H. Ziska, Martha B. Tomecek, and David R. Gealy, "Competitive Interactions Between Cultivated and Red Rice as a Function of Recent and Projected Increases in Atmospheric Carbon Dioxide," Agronomy Journal 102, no. 1 (2010): 118.23.

14. Lewis H. Ziska, David R. Gealy, Martha B. Tomecek, Aaron K. Jackson, and Howard L. Black, "Recent and Projected Increases in Atmospheric CO_2 Concentration Can Enhance Gene Flow Between Wild and Genetically Altered Rice (Oryza sativa)," PLoS One 7, no. 5 (2012): e37522.

15. Joao Paulo Refatti, Luis Antonio de Avila, Edinalvo Rabaioli Camargo, Lewis Hans Ziska, Claudia Oliveira, Reiofeli Salas-Perez, Christopher Edward Rouse, and Nilda Roma-Burgos, "High [CO_2] and Temperature Increase Resistance to Cyhalofop-butyl in Multiple-Resistant Echinochloa colona," Frontiers in Plant Science 10 (2019): 529.

16. Refatti et al., "High [CO_2] and Temperature Increase Resistance to Cyhalofop-butyl."

17. "Experiment Suggests Limitation to CO_2 Tree Banking," Duke Today, August 7, 2007, https://today.duke.edu/2007/08/carbonadd.html.

18. Jacqueline E. Mohan, Lewis H. Ziska, William H. Schlesinger, Richard B. Thomas, Richard C. Sicher, Kate George, and James S. Clark, "Biomass and Toxicity Responses of Poison Ivy (Toxicodendron

radicans) to Elevated Atmospheric CO2," Proceedings of the National Academy of Sciences 103, no. 24 (2006): 9086.89.

19. "Cheatgrass, Downy Brome," EDDMapS, accessed October 26, 2021, https://www.eddmaps.org/distribution/usstate.cfm?sub=5214.

20. Bethany A. Bradley, Caroline A. Curtis, Emily J. Fusco, John T. Abatzoglou, Jennifer K. Balch, Sepideh Dadashi, and Mao-Ning Tuanmu, "Cheatgrass (Bromus tectorum) Distribution in the Intermountain Western United States and Its Relationship to Fire Frequency, Seasonality, and Ignitions," Biological Invasions 20, no. 6 (2018): 1493.1506.

21. Hal Bernton, " 'Grassoline' Fueling the Spread of Washington's Wildfires," Seattle Times, August 22, 2015, https://www.seattletimes.com/seattle-news/environment/pesky-pervasive-cheatgrass-feeds-regions-fires-2/.

22. L. H. Ziska, J. B. Reeves III, and B. Blank, "The Impact of Recent Increases in Atmospheric CO2 on Biomass Production and Vegetative Retention of Cheatgrass (Bromus tectorum): Implications for Fire Disturbance," Global Change Biology 11, no. 8 (2005): 1325.32; and Robert R. Blank, Tye Morgan, Lewis H. Ziska, and Robert H. White, "Effect of Atmospheric CO2 Levels on Nutrients in Cheatgrass Tissue," Natural Resources and Environmental Issues 16, no. 1 (2011): 18.

23. Mike Pellant and Christi Hall, "Distribution of Two Exotic Grasses on Intermountain Rangelands: Status in 1992," in Proceedings in Ecology and Management of Annual Rangelands, General Technical Report INTGTR-313, ed. Stephen B. Monsen and Stanley G. Ketchum (Ogden, UT: U.S. Department of Agriculture, Forest Service, Intermountain Research Station, 1994), 109.12; and Mike Pellant, Cheatgrass: The Invader That Won the West (Boise, ID: U.S. Department of the Interior, Bureau of Land Management, Idaho State Office, 1996).

24. Stanley D. Smith, Travis E. Huxman, Stephen F. Zitzer, Therese N. Charlet, David C. Housman, James S. Coleman, Lynn K. Fenstermaker, Jeffrey R. Seemann, and Robert S. Nowak, "Elevated CO2 Increases Productivity and Invasive Species Success in an Arid Ecosystem," Nature 408, no. 6808 (2000): 79.82.

25. Dana M. Blumenthal, Victor Resco, Jack A. Morgan, David G. Williams, Daniel R. LeCain, Erik M. Hardy, Elise Pendall, and Emma Bladyka, "Invasive Forb Benefits from Water Savings by Native Plants and Carbon Fertilization Under Elevated CO2 and Warming," New Phytologist 200, no. 4 (2013): 1156.65.

26. Blumenthal et al., "Invasive Forb Benefits."

27. S. D. Smith, B. R. Strain, and T. D. Sharkey, "Effects of CO2 Enrichment on Four Great Basin Grasses," Functional Ecology (1987): 139.43.

28. Christopher R. Webster, Michael A. Jenkins, and Shibu Jose, "Woody Invaders and the Challenges They Pose to Forest Ecosystems in the Eastern United States," Journal of Forestry 104, no. 7 (2006): 366.74.

29. Harold A. Mooney and Richard J. Hobbs, "Global Change and Invasive Species: Where Do We Go from Here?," in Invasive Species in a Changing World, ed. Harold A. Mooney and Richard J. Hobbs (Washington, DC: Island, 2000), 425.34.

30. Liba Pejchar and Harold A. Mooney, "Invasive Species, Ecosystem Services and Human Well-Being," Trends in Ecology & Evolution 24, no. 9 (2009): 497.504.

31. Oliver L. Phillips, Rodolfo Vasquez Martinez, Luzmila Arroyo, Timothy R. Baker, Timothy Killeen, Simon L. Lewis, Yadvinder Malhi, et al., "Increasing Dominance of Large Lianas in Amazonian Forests," Nature 418, no. 6899 (2002): 770.74.

/ 이산화탄소는 기후변화·식량난의 해결책이 될 수 없다 /

1. "Nutrient Composition and Protein Quality of Rice Relative to Other Cereals," Food and Agricultural Organization of the United Nations, accessed October 26, 2021, http://www.fao.org/3/t0567e/ T0567E0d.htm.

2. Jann P. Conroy, "Influence of Elevated Atmospheric CO2 Concentrations on Plant Nutrition," Australian Journal of Botany 40, no. 5 (1992): 445.56.

3. Alina Petre, "21 Vegetarian Foods That Are Loaded with Iron," Healthline, May 4, 2017, https://www. healthline.com/nutrition/iron-rich-plant-foods.

4. Ananda S. Prasad, Zinc in Human Nutrition (Boca Raton, FL: CRC, 1979).

5. Chunwu Zhu, Kazuhiko Kobayashi, Irakli Loladze, Jianguo Zhu, Qian Jiang, Xi Xu, Gang Liu, et al., "Carbon Dioxide (CO2) Levels This Century Will Alter the Protein, Micronutrients, and Vitamin Content of Rice Grains with Potential Health Consequences for the Poorest Rice-Dependent Countries," Science Advances 4, no. 5 (2018): eaaq1012.

6. "Essential Food for the Poor," Rice Today, September 9, 2002, https://ricetoday.irri.org/essential-food-for-the-poor/.

7. Irakli Loladze, "Rising Atmospheric CO2 and Human Nutrition: Toward Globally Imbalanced Plant Stoichiometry?," Trends in Ecology & Evolution 17, no. 10 (2002): 457.61.

8. Samuel S. Myers, Antonella Zanobetti, Itai Kloog, Peter Huybers, Andrew D. B. Leakey, Arnold J. Bloom, Eli Carlisle, et al., "Increasing CO2 Threatens Human Nutrition," Nature 510, no. 7503 (2014): 139.42.

9. Robert H. Beach, Timothy B. Sulser, Allison Crimmins, Nicola Cenacchi, Jefferson Cole, Naomi K. Fukagawa, Daniel Mason-D'Croz, et al., "Combining the Effects of Increased Atmospheric Carbon Dioxide on Protein, Iron, and Zinc Availability and Projected Climate Change on Global Diets: A Modelling Study," Lancet Planetary Health 3, no. 7 (2019): e307.17.

10. Daniel R. Taub, Brian Miller, and Holly Allen, "Effects of Elevated CO2 on the Protein Concentration of Food Crops: A Meta.analysis," Global Change Biology 14, no. 3 (2008): 565.75.

11. Donald R. Davis, "Trade-Offs in Agriculture and Nutrition," Food Technology 59, no. 3 (2005): 120.

12. Lewis H. Ziska, Jeffery S. Pettis, Joan Edwards, Jillian E. Hancock, Martha B. Tomecek, Andrew Clark, Jeffrey S. Dukes, Irakli Loladze, and H. Wayne Polley, "Rising Atmospheric CO2 is Reducing the Protein Concentration of a Floral Pollen Source Essential for North American Bees," Proceedings of the Royal Society B: Biological Sciences 283, no. 1828 (2016): 20160414.

13. Ziska et al., "Rising Atmospheric CO2 is Reducing the Protein Concentration."

14. T'ai H. Roulston, James H. Cane, and Stephen L. Buchmann, "What Governs Protein Content of Pollen: Pollinator Preferences, Pollen.Pistil Interactions, or Phylogeny?," Ecological Monographs 70, no. 4 (2000): 617.43.

15. David J. Augustine, Dana M. Blumenthal, Tim L. Springer, Daniel R. LeCain, Stacey A. Gunter, and Justin D. Derner, "Elevated CO2 Induces Substantial and Persistent Declines in Forage Quality Irrespective of Warming in Mixedgrass Prairie," Ecological Applications 28, no. 3 (2018): 721.35; and Ellen A. R. Welti, Karl A. Roeder, Kirsten M. de Beurs, Anthony Joern, and Michael Kaspari, "Nutrient Dilution and Climate Cycles Underlie Declines in a Dominant Insect Herbivore," Proceedings of the National Academy of Sciences 117, no. 13 (2020): 7271.75.

16. Becky Upham, "Poor Nutrition in the U.S. Poses Threats to Health, National Security, and Economy, Panel Says," Everyday Health, July 28, 2020, https://www.everydayhealth.com/diet-nutrition/poor-nutrition-in-us-poses-threats-to-health-national-security-and-economy-panel-says/.

17. Charles W. Schmidt, "Pollen Overload: Seasonal Allergies in a Changing Climate," Environmental Health Perspectives 124, no. 4 (2016): A70.75.

18. Michael Kerr, "Pollen Library: Plants That Cause Allergies," Health Line, November 13, 2018, https://www.healthline.com/health/allergies/pollen-library#1.

19. Lewis H. Ziska and Frances A. Caulfield, "Rising CO2 and Pollen Production of Common Ragweed (Ambrosia artemisiifolia L.), a Known Allergy-Inducing Species: Implications for Public Health," Functional Plant Biology 27, no. 10 (2000): 893.98.

20. Ben D. Singer, Lewis H. Ziska, David A. Frenz, Dennis E. Gebhard, and James G. Straka, "Research Note: Increasing Amb a 1 Content in Common Ragweed (Ambrosia artemisiifolia) Pollen as a Function of Rising Atmospheric CO2 Concentration," Functional Plant Biology 32, no. 7 (2005): 667.70.

21. Kyu Rang Kim, Jae-Won Oh, Su-Young Woo, Yun Am Seo, Young-Jin Choi, Hyun Seok Kim, Wi Young Lee, and Baek-Jo Kim, "Does the Increase in Ambient CO2 Concentration Elevate Allergy Risks Posed by Oak Pollen?," International Journal of Biometeorology 62, no. 9 (2018): 1587.94.

22. Bert Brunekreef, Gerard Hoek, Paul Fischer, and Frits Th M. Spieksma, "Relation Between Airborne Pollen Concentrations and Daily Cardiovascular and Respiratory-Disease Mortality," Lancet 355, no. 9214 (2000): 1517.18.

23. Lewis H. Ziska, Laszlo Makra, Susan K. Harry, Nicolas Bruffaerts, Marijke Hendrickx, Frances Coates, Annika Saarto, et al., "Temperature-Related Changes in Airborne Allergenic Pollen Abundance and Seasonality Across the Northern Hemisphere: A Retrospective Data Analysis," Lancet Planetary Health 3, no. 3 (2019): e124.31.

24. Ruchi S. Gupta, Christopher M. Warren, Bridget M. Smith, Jesse A. Blumenstock, Jialing Jiang, Matthew M. Davis, and Kari C. Nadeau, "The Public Health Impact of Parent-Reported Childhood Food Allergies in the United States," Pediatrics 142, no. 6 (2018): e20181235.

25. M. Bannayan, C. M. Tojo Soler, L. C. Guerra, and G. Hoogenboom, "Interactive Effects of Elevated

[CO2] and Temperature on Growth and Development of a Short- and Long-Season Peanut Cultivar," Climatic Change 93, no. 3 (2009): 389.406.

26. Lewis H. Ziska, Jinyoung Yang, Martha B. Tomecek, and Paul J. Beggs, "Cultivar.Specific Changes in Peanut Yield, Biomass, and Allergenicity in Response to Elevated Atmospheric Carbon Dioxide Concentration," Crop Science 56, no. 5 (2016): 2766.74.

27. Hipolito Nzwalo and Julie Cliff, "Konzo: From Poverty, Cassava, and Cyanogen Intake to Toxico-nutritional Neurological Disease," PLoS Neglected Tropical Diseases 5, no. 6 (2011): e1051.

28. Roslyn M. Gleadow, John R. Evans, Stephanie McCaffery, and Timothy R. Cavagnaro, "Growth and Nutritive Value of Cassava (Manihot esculenta Cranz.) Are Reduced When Grown in Elevated CO2," Plant Biology 11 (2009): 76.82.

29. Roslyn M. Gleadow and Birger Lindberg Møller, "Cyanogenic Glycosides: Synthesis, Physiology, and Phenotypic Plasticity," Annual Review of Plant Biology 65 (2014): 155.85.

30. Daniel A. Potter and David W. Held, "Biology and Management of the Japanese Beetle," Annual Review of Entomology 47, no. 1 (2002): 175.205.

31. Jorge A. Zavala, Clare L. Casteel, Evan H. DeLucia, and May R. Berenbaum, "Anthropogenic Increase in Carbon Dioxide Compromises Plant Defense Against Invasive Insects," Proceedings of the National Academy of Sciences 105, no. 13 (2008): 5129.33.

32. L. H. Ziska, S. D. Emche, E. L. Johnson, K. A. T. E. George, D. R. Reed, and R. C. Sicher, "Alterations in the Production and Concentration of Selected Alkaloids as a Function of Rising Atmospheric Carbon Dioxide and Air Temperature: Implications for Ethno.pharmacology," Global Change Biology 11, no. 10 (2005): 1798.1807.

33. Xin Li, Lan Zhang, Golam Jalal Ahammed, Zhi-Xin Li, Ji-Peng Wei, Chen Shen, Peng Yan, Li-Ping Zhang, and Wen-Yan Han, "Stimulation in Primary and Secondary Metabolism by Elevated Carbon Dioxide Alters Green Tea Quality in Camellia sinensis L.," Scientific Reports 7, no. 1 (2017): 1.12.

34. Fernando E. Vega, Lewis H. Ziska, Ann Simpkins, Francisco Infante, Aaron P. Davis, Joseph A. Rivera, Jinyoung Y. Barnaby, and Julie Wolf, "Early Growth Phase and Caffeine Content Response to Recent and Projected Increases in Atmospheric Carbon Dioxide in Coffee (Coffeaarabica and C. canephora)," Scientific Reports 10, no. 1 (2020): 1.11.

35. Drug Enforcement Administration Museum (website), accessed October 26, 2021, https://www.deamuseum.org/ccp/opium/history.html.

36. Eric Palmer, "Sun Gets Direct Line to Poppy Production with Buyout of GSK Opiates Biz," Fierce Pharma, September 3, 2015, https://www.fiercepharma.com/supply-chain/sun-gets-direct-line-to-poppy-production-buyout-of-gsk-opiates-biz.

37. Anne S. van Wyk and Gerhard Prinsloo, "Health, Safety and Quality Concerns of Plant-Based Traditional Medicines and Herbal Remedies," South African Journal of Botany 133 (2020): 54.62.

38. Lewis H. Ziska, Sini Panicker, and Heidi L. Wojno, "Recent and Projected Increases in Atmospheric Carbon Dioxide and the Potential Impacts on Growth and Alkaloid Production in Wild Poppy (Papaver

setigerum DC.)," Climatic Change 91, no. 3 (2008): 395.403.

39. Ziska et al., "Recent and Projected Increases in Atmospheric Carbon Dioxide."

40. Dawn Connelly, "A History of Aspirin," Pharmaceutical Journal, September 26, 2014, https://www.pharmaceutical-journal.com/news-and-analysis/infographics/a-history-of-aspirin/20066661.article?firstPass=false.

41. "Aspirin," Wikipedia, last modified January 3, 2022, https://en.wikipedia.org/wiki/Aspirin.

42. S. Hosztafi, "The History of Heroin," Acta Pharmaceutica Hungarica 71, no. 2 (2001): 233.42.

43. "Provisional Accounts of Drug Overdose Deaths, as of 8/6/2017," Centers for Disease Control and Prevention, accessed October 26, 2021, https://www.cdc.gov/nchs/data/health_policy/monthly-drug-overdose-death-estimates.pdf.

44. "A Bright Future for Loblolly Pine Forests," CO2 Coalition, December 13, 2018, https://co2coalition.org/2018/12/13/a-bright-future-for-u-s-loblolly-pine-forests/.

45. Aaron Rupar, "Trump's Pick to Chair New Climate Panel Once Said CO2 Has Been Maligned Like 'Jews Under Hitler,' " Vox, February 20, 2019, https://www.vox.com/2019/2/20/18233378/william-happer-trump-climate-change-panel.

46. William F. Laurance, Alexandre A. Oliveira, Susan G. Laurance, Richard Condit, Christopher W. Dick, Ana Andrade, Henrique EM Nascimento, Thomas E. Lovejoy, and Jose ELS Ribeiro, "Altered Tree Communities in Undisturbed Amazonian Forests: A Consequence of Global Change?,"Biotropica 37, no. 2 (2005): 160.62.

47. Irwin N. Forseth and Anne F. Innis, "Kudzu (Pueraria montana): History, Physiology, and Ecology Combine to Make a Major Ecosystem Threat," Critical Reviews in Plant Sciences 23, no. 5 (2004): 401.13.

48. Amy E. Wiberley, Autumn R. Linskey, Tanya G. Falbel, and Thomas D. Sharkey, "Development of the Capacity for Isoprene Emission in Kudzu," Plant, Cell & Environment 28, no. 7 (2005): 898.905.

49. Jake F. Weltzin, R. Travis Belote, and Nathan J. Sanders, "Biological Invaders in a Greenhouse World: Will Elevated CO2 Fuel Plant Invasions?," Frontiers in Ecology and the Environment 1, no. 3 (2003): 146.53; and Thomas W. Sasek and Boyd R. Strain, "Effects of Carbon Dioxide Enrichment on the Expansion and Size of Kudzu (Pueraria lobata) Leaves," Weed Science 37, no. 1 (1989): 23.28.

50. "Wildfire Smoke and COVID-19: Frequently Asked Questions and Resources for Air Resource Advisors and Other Environmental Health Professionals," Centers for Disease Control and Prevention, last updated October 9, 2020, https://www.cdc.gov/coronavirus/2019-ncov/php/smoke-faq.html.

Part 3 부분이 아닌 전체를 보라

/ 우리에겐 해답보다 질문이 필요하다 /

1. "AFRI Request for Applications," National Institute for Food and Agriculture, U.S. Department of

Agriculture, accessed October 26, 2021, https://nifa.usda.gov/afri-request-applications.

2. Kevin J. Gaston, "The Magnitude of Global Insect Species Richness," Conservation Biology 5, no. 3 (1991): 283.96.

3. Pedro Cardoso and Simon R. Leather, "Predicting a Global Insect Apocalypse," Insect Conservation and Diversity 12, no. 4 (2019): 263.67; and Dave Goulson, "The Insect Apocalypse, and Why It Matters," Current Biology 29, no. 19 (2019): R967.71.

4. Brooke Jarvis, "The Insect Apocalypse Is Here," New York Times Magazine, November 27, 2018.

5. Ellen A. R. Welti, Karl A. Roeder, Kirsten M. de Beurs, Anthony Joern, and Michael Kaspari, "Nutrient Dilution and Climate Cycles Underlie Declines in a Dominant Insect Herbivore," Proceedings of the National Academy of Sciences 117, no. 13 (2020): 7271.75.

/ 기후변화의 골자 /

1. Lewis H. Ziska and James A. Bunce, "Predicting the Impact of Changing CO_2 on Crop Yields: Some Thoughts on Food," New Phytologist 175, no. 4 (2007): 607-18.

2. David Wallace-Wells, The Uninhabitable Earth: Life After Warming (New York: Tim Duggan, 2020).

3. Naomi Klein, The Shock Doctrine: The Rise of Disaster Capitalism (New York: Picador, 2007).

4. Henning Rodhe, "A Comparison of the Contribution of Various Gases to the Greenhouse Effect," Science 248, no. 4960 (1990): 1217-19.

/ 온도와 이산화탄소 농도가 동시에 높아진다면 /

1. S. P. Long, "Modification of the Response of Photosynthetic Productivity to Rising Temperature by Atmospheric CO_2 Concentrations: Has Its Importance Been Underestimated?," Plant, Cell & Environment 14, no. 8 (1991): 729-39.

2. It doesn't mean that plants, especially trees, won't make pollen or other aeroallergens but that the pollen might be sterile.

3. W. J. Arp, "Effects of Source?Sink Relations on Photosynthetic Acclimation to Elevated CO_2," Plant, Cell & Environment 14, no. 8 (1991): 869-75.

4. J. T. Baker, L. H. Allen Jr., and K. J. Boote, "Temperature Effects on Rice at Elevated CO_2 Concentration," Journal of Experimental Botany 43, no. 7 (1992): 959?64; and Wolfram Schlenker and Michael J. Roberts, "Nonlinear Temperature Effects Indicate Severe Damages to US Crop Yields Under Climate Change," Proceedings of the National Academy of Sciences 106, no. 37 (2009): 15594-98.

5. Tsutomu Matsui, Ofelia S. Namuco, Lewis H. Ziska, and Takeshi Horie, "Effects of High Temperature and CO_2 Concentration on Spikelet Sterility in Indica Rice," Field Crops Research 51, no. 3 (1997): 213.19.

6. Xiaoxin Wang, Dabang Jiang, and Xianmei Lang, "Future Extreme Climate Changes Linked to Global Warming Intensity," Science Bulletin 62, no. 24 (2017): 1673.80.

7. F. E. Ahmed, A. E. Hall, and M. A. Madore, "Interactive Effects of High Temperature and Elevated Carbon Dioxide Concentration on Cowpea [Vigna unguiculata (L.) Walp.]," Plant, Cell & Environment 16, no. 7 (1993): 835.42; P. V. Vara Prasad, L. H. Allen Jr., and K. J. Boote, "Crop Responses to Elevated Carbon Dioxide and Interaction with Temperature: Grain Legumes," Journal of Crop Improvement 12, nos. 1.2 (2005): 113.55; R. A. C. Mitchell, V. J. Mitchell, S. P. Driscoll, J. Franklin, and D. W. Lawlor, "Effects of Increased CO2 Concentration and Temperature on Growth and Yield of Winter Wheat at Two Levels of Nitrogen Application," Plant, Cell & Environment 16, no. 5 (1993): 521. 29; T. R. Wheeler, T. D. Hong, R. H. Ellis, G. R. Batts, J. I. L. Morison, and P. Hadley, "The Duration and Rate of Grain Growth, and Harvest Index, of Wheat (Triticum aestivum L.) in Response to Temperature and CO2," Journal of Experimental Botany 47, no. 5 (1996): 623.30; P. V. Vara Prasad, Kenneth J. Boote, and L. Hartwell Allen Jr., "Adverse High Temperature Effects on Pollen Viability, Seed-Set, Seed Yield and Harvest Index of Grain-Sorghum [Sorghum bicolor (L.) Moench] Are More Severe at Elevated Carbon Dioxide Due to Higher Tissue Temperatures," Agricultural and Forest Meteorology 139, nos. 3.4 (2006): 237.51; Tolentino B. Moya, Lewis H. Ziska, Ofelia S. Namuco, and Dave Olszyk, "Growth Dynamics and Genotypic Variation in Tropical, Field.Grown Paddy Rice (Oryza sativa L.) in Response to Increasing Carbon Dioxide and Temperature," Global Change Biology 4, no. 6 (1998): 645.56; Ursula M. Ruiz.Vera, Matthew H. Siebers, David W. Drag, Donald R. Ort, and Carl J. Bernacchi, "Canopy Warming Caused Photosynthetic Acclimation and Reduced Seed Yield in Maize Grown at Ambient and Elevated [CO2]," Global Change Biology 21, no. 11 (2015): 4237.49.

Part 4 이산화탄소를 둘러싼 정치 운동

/ 시스템의 균열 /

1. "UN Report: Nature's Dangerous Decline 'Unprecedented'; Species Extinction Rates 'Accelerating,' " United Nations, May 6, 2019, https://www.un.org/sustainabledevelopment/blog/2019/05/nature-decline-unprecedented-report/.

2. Judith Curry, "Hearing on the Biodiversity Report," Climate Etc. (blog), May 22, 2019, https://judithcurry.com/2019/05/22/hearing-on-the-un-biodiversity-report/.

3. Eliza Relman, "Trump's War on Science Is Being Led by a Climate Change Denier Who Compared Carbon Dioxide Pollution to 'Poor Jews Under Hitler,' " Business Insider, May 28, 2019, https://www.businessinsider.com/trump-war-on-science-is-led-by-climate-change-denier-2019-5.

4. "Plants Cannot Live on CO2 Alone," Skeptical Science, last updated July 8, 2015, https://skepticalscience.com/co2-plant-food.htm.

/ 과학이 말하길 /

1. Elizabeth Williamson, "John Boehner: From Speaker of the House to Cannabis Pitchman," New York

Times, June 3, 2019, https://www.nytimes.com/2019/06/03/us/politics/john-boehner-marijuana-cannabis.html.

2. Chelangat Faith, "The Breadbaskets of the World," WorldAtlas, August 1, 2017, https://www.worldatlas.com/articles/the-breadbaskets-of-the-world.html.

3. U.S. Department of Agriculture, FY 2019 Budget Summary (Washington, DC: U.S. Department of Agriculture, 2019), https://www.usda.gov/sites/default/files/documents/usda-fy19-budget-summary.pdf.

/ 이산화탄소에 관한 마지막 퍼즐 /

1. Susan Jaffe, "Republicans' Bills Target Science at US Environment Agency," Lancet 385, no. 9974 (2015): 1167.68.

2. Keith O. Fuglie and Paul W. Heisey, Economic Returns to Public Agricultural Research, Economic Brief no. 10 (Washington, DC: U.S. Department of Agriculture, Economic Research Service, September 2007).

3. Paul Heisey and Keith Fuglie, "Agricultural Research in High-Income Countries Faces New Challenges as Public Funding Stalls," Amber Waves, May 29, 2018, https://www.ers.usda.gov/amber-waves/2018/may/agricultural-research-in-high-income-countries-faces-new-challenges-as-public-funding-stalls/; and Yu Jin and Wallace E. Huffman, "Measuring Public Agricultural Research and Extension and Estimating Their Impacts on Agricultural Productivity: New Insights from US Evidence," Agricultural Economics 47, no. 1 (2016): 15.31.

4. Howard Frumkin and Richard J. Jackson, "We Need a National Institute of Climate Change and Health," Scientific American, November 22, 2020.

/ 정치는 어떻게 과학의 팔을 비트는가 /

1. Nate Allen, "Nancy Pelosi and Newt Gingrich Commercial on Climate Change," YouTube video, 0:30, uploaded April 18, 2008, https://www.youtube.com/watch?v=qi6n_-wB154.

2. Michael O'Brien, "Gingrich Regrets 2008 Climate Ad with Pelosi," The Hill, July 26, 2011, https://thehill.com/blogs/blog-briefing-room/news/173463-gingrich-says-he-regrets-2008-climate-ad-with-pelosi.

3. Tim Lau, "Citizens United Explained," Brennan Center for Justice, December 12, 2019, https://www.brennancenter.org/our-work/research-reports/citizens-united-explained.

4. Isabel Giovannetti, "Inextricably Linked: How Citizens United Halted Climate Action," Common Cause, July 1, 2019, https://www.commoncause .org/democracy-wire/inextricably-linked-how-citizens-united-halted-climate-action/.

5. "Exxon Net Worth," Celebrity Net Worth, accessed October 27, 2021, https://www.celebritynetworth.com/richest-businessmen/companies/exxon-net-worth/#:~:text=Exxon's%20net%20worth%20is%20%24350,production%20based%20in%20Irving%2C%20Texas.

6. Wikipedia, s.v. "Paris Agreement," last modified January 1, 2022, https://en.wikipedia.org/wiki/Paris_

Agreement.

7. Alexa Lardieri, "Trump Resort in Ireland Will Build Seawalls to Protect Against Climate Change," US News, December 22, 2017, https://www.usnews.com/news/world/articles/2017-12-22/trump-resort-in-ireland-will-build-seawalls-to-protect-against-climate-change.

8. Brady Dennis, "Trump Makes It Official: U.S. Will Withdraw from the Paris Climate Accord," Washington Post, November 4, 2019, https://www.washingtonpost.com/climate-environment/2019/11/04/trump-makes-it-official-us-will-withdraw-paris-climate-accord/.

9. "Timeline of Trump's Coronavirus Responses," Lloyd Doggett, U.S. Representative (blog), March 2, 2022, https://doggett.house.gov/media/blog-post/timeline-trumps-coronavirus-responses.

10. "Attacks on Science by the Trump Administration," Union of Concerned Scientists, January 20, 2017, https://www.ucsusa.org/resources/attacks-on-science.

11. Ian Kullgren, "How Perdue's Power Benefits His Friends," Politico, March 13, 2017, https://www.politico.com/story/2017/03/donald-trump-sonny-perdue-agriculture-235982.

12. Charles P. Pierce, "Everything Is So Insanely Dumb and It's Going to Kill Us," Esquire, June 25, 2019, https://www.esquire.com/news-politics/politics/a28187258/agriculture-secretary-sonny-perdue-climate-change/.

13. Ben Guarino, "Trump Administration Plans to Move USDA Research Divisions Despite Concerns," Washington Post, April 25, 2019, https://www.washingtonpost.com/science/2019/04/25/trump-administration-plans-move-usda-research-divisions-despite-concerns/.

14. Eric Katz, "Mulvaney: Relocating Offices Is a 'Wonderful Way' to Shed Federal Employees," Government Executive, August 5, 2019, https://www.govexec.com/workforce/2019/08/mulvaney-relocating-offices-wonderful-way-shed-federal-employees/158932/.

15. Jesse Naranjo, "200 ERS Vacancies After Kansas City Move," Politico, February 27, 2020, https://www.politico.com/news/2020/02/27/200-ers-vacancies-after-kansas-city-move-117764.

16. Keith Fuglie, Matthew Clancy, Paul Heisey, and James MacDonald, "Research, Productivity, and Output Growth in U.S. Agriculture," Journal of Agricultural and Applied Economics 49, no. 4 (2017): 514.54.

17. "Pacific West Area Map," Agricultural Research Service, U.S. Department of Agriculture, accessed October 26, 2021, https://www.ars.usda.gov/pacific-west-area/docs/map/.

18. Liz Crampton, "Sam Clovis Is Leaving," Politico, May 3, 2018, 2021, https://www.politico.com/story/2018/05/03/sam-clovis-leaving-usda-518109.

19. Scott H. Hutchins, "Natural Products for Crop Protection: Evolution or Intelligent Design," in Discovery and Synthesis of Crop Protection Products, ed. Peter Maienfisch and Thomas M. Stevenson (Washington, DC: American Chemical Society, 2015), 55.62.

20. Chunwu Zhu, Kazuhiko Kobayashi, Irakli Loladze, Jianguo Zhu, Qian Jiang, Xi Xu, Gang Liu, et al., "Carbon Dioxide (CO2) Levels This Century Will Alter the Protein, Micronutrients, and Vitamin Content of Rice Grains with Potential Health Consequences for the Poorest Rice-Dependent Countries," Science Advances 4, no. 5 (2018): eaaq1012.

21. Helena Bottemiller Evich, " 'It Feels Like Something Out of a Bad Sci-Fi Movie,' " Politico, August 5, 2019, https://www.politico.com/story/2019/08/05/ziska-usda-climate-agriculture-trump-1445271.

22. Merrit Kennedy, "As Carbon Dioxide Levels Rise, Major Crops Are Losing Nutrients," NPR, June 19, 2018, https://www.npr.org/sections/thesalt/2018/06/19/616098095/as-carbon-dioxide-levels-rise-major-crops-are-losing-nutrients; and Brad Plumer, "How More Carbon Dioxide Can Make Food Less Nutritious," New York Times, May 23, 2018, https://www.nytimes.com/2018/05/23/climate/rice-global-warming.html.

23. "Request for Information (RFI): Climate Change and Health," NOT-ES-21-009, U.S. National Institutes of Health Grants and Funding, July 30, 2021, https://grants.nih.gov/grants/guide/notice-files/NOT-ES-21-009.html (first grant announcement from the NIH on climatechange and public health).

24. Naomi Oreskes and Erik M. Conway, "Defeating the Merchants of Doubt," Nature 465, no. 7299 (2010): 686.87.

정치는 어떻게
과학의 팔을 비트는가

초판 1쇄 인쇄 2023년(단기 4356년) 8월 9일
초판 1쇄 발행 2023년(단기 4356년) 8월 21일

지은이 | 루이스 지스카
옮긴이 | 김보은
펴낸이 | 심남숙
펴낸곳 | ㈜ 한문화멀티미디어
등록 | 1990. 11. 28 제21-209호
주소 | 서울시 광진구 능동로 43길 3-5 동인빌딩 3층 (04915)
전화 | 영업부 2016-3500 · 편집부 2016-3507
홈페이지 | http://www.hanmunhwa.com

운영이사 | 이미향
편집 | 강정화 최연실
기획·홍보 | 진정근
디자인·제작 | 이정희
경영 | 강윤정 조동희
회계 | 김옥희
영업 | 이광우

만든 사람들
책임 편집 | 박햇님   디자인 | room 501
인쇄 | 천일문화사

ISBN 978-89-5699-457-4 03300